마음밭의 쓴뿌리들

마음밭의 쏜뿌리들

특별히 ___________ 님께
이 소중한 책을 드립니다.

마음밭의 쓴 뿌리들

마틴 베넷 외 지음/최은희 옮김

CONTENTS

사람들의 생각을 두려워 하는가?　9
마틴베넷

열린 마음과 정직함　31
멜로디 그린

시기심, 우리의 숨겨진 죄　51
존 다우슨

"나를 용서할 수 없어요"　65
멜로디 그린

상처와 쓴 뿌리, 그것은 어디에서 시작하는가?　91
윈키프레트니

용서를 통한 회복　115
독 이스터데이

1

사람들의 생각을
두려워 하는가?

마틴 베넷

많은 사람들이 하나님에 대한 관심을 말하면서도 정작 하나님보다는 사람들이 생각하는 것에 훨씬 더 많은 관심을 기울이며 행동한다. 심지어 어떤 사람들은 극심한 슬픔과 아픔을 느끼고 있을 때조차 '다른 사람들이 나를 어떻게 볼 것인가?' 하며 사람들의 시선을 염려하고 두려워한다. 즉 현재의 상황이 슬프고 어렵더라도 하나님의 얼굴을 보도록 노력하고, 또 그로 인해 변화되어야 할 것이라는 다른 사람의 생각들에 얽매이게 된다. 예수님은 이에 대해 어떤 사람도 두 주인을 섬길 수 없다고 명확하게 말씀하셨다. 이것이 진리이다.

나는 사람들에 대한 두려움을 갖고 있더라도 당신이 자신과 하나님 앞에 정직하게 되기를 원한다. 그래서 하나님이 크리스천이라는 이름에 적합한 신실한 군사로 우리를 만드시길 바란다.

당신은 어떤 사람이 당신에게 말하는 것을 실제로는 이해하지 못하면서 "예, 으, 음" 하고 말하며 고개를 끄덕인 적이 있는가? 때로 마음속으로는 죽고 싶은 감정을 느끼고 있으면서도 겉으로는 "좋아" 하고 말하며, 모든 것이 제대로 진행되고 있는 것처럼 행동하지는 않았는가? 버스에 앉아 있을 때, 옆에 앉은 사람에게 하나님에 대해 전해야 한다는 부담감을 느끼지만, 그 사람을 제대로 바라보는 것조차 못하지는 않았는가? 혼자라고 생각하지 말라. 하나님

이 함께 계심을 기억하
라.

"그러나 관원 중에도 저
를 믿는 자가 많되 바리
새인들을 인하여 드러나
게 말하지 못하니 이는
출회를 당할까 두려워함
이라 저희는 사람의 영광을 하나님의 영광보다 더 사랑하였더라"(요
12:42~43).

　위의 말씀처럼 사람들은 극복하기 어려울 정도의 두려움이 있어
서 잘못된 행동을 하기도 한다고 요한은 말한다. 주변 사람들에게
호의적인 모습으로 남기 위해 실제 자신이 믿고 있는 것과 반대되
는 행동을 한다는 것이다. 하나님을 믿는 모습과는 거리가 먼 이런
예에서 우리는 자신에 대해 배울 수 있을 것이다.

1. 사람을 두려워 하는 사람의 특징은?

성경은 "사람을 두려워하는 자는 올무에 걸리게 되려니와"(잠
29:25)라고 말하고 있다. 이것은 진리이다. 사람을 두려워하는 사
람은 다른 사람들이 생각하는 것, 말하는 것, 혹은 행동하는 것에

대해 관심을 두기 때문에 참된 신념대로 살아갈 수 없게 된다. 다른 사람들의 생각과 원하는 것에 얽매여 자신의 실제 모습과는 다른 것을 생각하게 되는 것이다.

만화 속에 나오는 황소를 보면 항상 코에 큰 코뚜레가 걸려 있다. 오랫동안 그 이유를 알지 못했는데, 황소는 힘이 세고 거칠어서 그 냥 줄로만 묶어서는 통제를 할 수 없을 뿐 아니라 원하는 일을 시킬 수 없기 때문이라고 한다. 그러나 황소의 코에 코뚜레를 하고 줄로 메어서 끌면 소는 고통스럽기 때문에 사람이 원하는 방향으로 순순 히 움직이게 되고, 반항하거나 싸울 수 없는 상태가 된다.

다른 사람들이 나에 대해 어떻게 생각할까 두려워하는 것도 이와 비슷하다. 사람을 두려워하는 사람의 코에는 황소에게 걸려 있던 코뚜레가 걸려 있어 누군가 잡아당기는 그 순간, 잡아당기는 사람 이 원하는 방향으로 끌려갈 수밖에 없는 것이다. 그렇다면 우리의 코에 걸려 있는 코뚜레는 무엇인가? 사람을 두려워 하는 사람의 특 징은 무엇인가?

#01 당신이 어떻게 보이는가에 대해 관심을 갖는다

외모는 다른 사람들의 생각을 의식하고 두려워하는 사람들이 가장 염려하는 것들 중 하나이다. 자동차, 옷, 집, 헤어스타일, 화장, 즐겨 듣는 음악 등 모든 것이 그 안에 포함된다. 나는 당신이 브랜드가 없는 청바지를 입어야 한다고 말하는 것이 아니다. 운동화를 신고 정장을 입는 변호사나 기업체 사장을 본 적이 있는가? 운동화는 검은색 정장 구두보다 훨씬 더 편하다. 그러나 사람들이 어떻게 생각하는가? 내가 말하는 것의 의미를 알겠는가?

다른 사람들이 자신에 대해 어떻게 생각하는지 두려움을 갖고 있는 사람은 거의 많은 사람들에게 둘러싸여 있는 것을 좋아한다. 그들은 모든 사람의 친구이길 원한다. 그들은 칭찬도 많이 한다. 왜냐하면 많은 사람들이 칭찬을 좋아한다는 것을 알기 때문이다. 그러나 마음에 어려움을 겪고 있고 어둠 속을 걷고 있는 친구들에게 '사람을 기쁘게만 하는 이 사람'은 어떤 조언도 하지 못할 것이다. 왜냐하면 그로 인해 자신이 거절당할지 모른다는 두려움을 갖고 있기 때문이다. 그는 결코 그 사람이 그 사실을 인정하지 않는 한 결점을 고쳐주거나 꾸짖지 못한다.

#02 다른 사람들의 생각에 대한 두려움을 갖는다

다른 사람을 기쁘게 하는 사람은 또한 쉽게 당황한다. 어떤 낯선 도시에서 당신이 주유소 점원에게 자신의 목적지에 어떻게 가야 하는지를 물었다고 하자. 안내원이 "두 블록을 더 가세요. 두 번째 신호등에서 전자 대리점을 가로질러 왼쪽으로 꺾으세요. 그러면 으젠스

키 도로가 나옵니다. 갈림길에서 오른쪽 방향으로 켈리를 지나가세요. 돌스베리가(Street)에서 왼쪽으로 꺾으시면 당신이 원하는 곳에 도착할 거예요. 쉽게 잘 찾으실 거예요" 하고 말한다. 당신은 웃으며 "고마워요" 하고는 차를 몰고 떠난다.

당신은 방향을 전혀 이해하지 못했는데도 그 주유소 점원이 당신을 '방향을 이해하지 못하는 얼간이' 라고 생각하지 않기를 바라기 때문에 아는 체한 것이다. 그런데 문제는 길을 잃어버렸다는 것이다. 중요한 것은 당신이 안내원이나 함께 탄 사람들에게 길을 모른다는 사실을 알리지 않는 것이 아니라 사람에 대한 공포를 가지고 있다는 것이다.

사람을 기쁘게 하는 사람들은 자신이 말을 더듬거리거나 타석에서 스트라이크 아웃을 당하거나, 계단에서 미끄러지거나 와플을 태우는 등의 실수를 하면 크게 당황한다. 그러한 실수를 다른 사람이 비웃을 것이라고 생각하기 때문이다. 심지어 실수를 하지 않았을 때조차 당황한다. 누군가 그가 실수를 했다고 생각할지 모르기 때문이다. 만약 "내일 정오에 일식이 있대!" 하고 말했는데, 누군가가 눈썹을 치켜올리며 "확실해?" 하고 말한다면, 그들은 진실을 말했음에도 불구하고 당황한다.

#03 이미지에 대해 걱정을 많이 한다

또한 이들은 매우 방어적이다. 그들은 말하는 데는 빠르고 듣는 데는 느리다. 그들에게는 다른 사람에게 좋게 보이는 것이 중요하기 때문에, 자신에게 잘못이 있다는 것을 알고 있을 때조차도 마치 결백한 것처럼 스스로 방어한다.

"너희는 사람 앞에서 스스로 옳다 하는 자이나 너희 마음을 하나님께서 아시나니 사람 중에 높임을 받는 그것은 하나님 앞에 미움을 받는 것이니라"(눅 16:15).

사람을 두려워하는 사람들은 자신의 이미지를 유지하기 위해 늘 거짓말을 한다. 그러나 그들 스스로는 그것이 진실을 밝히는 것을 잠시 늦추는 것뿐이라고 말할지도 모른다. 어쨌든 그들은 끊임없이 거짓말을 한다. 당신이 어떤 잘못을 했다고 하자. 상관이 바로 당신의 책상을 향해 오고 있다. 그는 당신 앞에서 헛기침을 하고 있다. 그때 당신은 이미 그 일에 대한 변명을 준비하고 있고, 궁지를 벗어날 것이라고 확신하고 있다.

그러나 하나님의 갈고리는 벗어날 수가 없다. 당신은 자신의 위치와 이미지, 지위, 일, 그리고 자신을 보호하기 위해 거짓말을 한다. 반면에 주님은 당신에 대해 실망하시고 당신이 자신을 크리스천으로 부르는 것으로 인해 부끄러워하신다. 우리는 자신의 이미지를 위해 능력, 성취, 의로움과 거룩함의 가치를 과장하고, 죄와 실패는 축소한다. 왜 거짓말을 하는가? 바로 잠깐 동안 그것이 우리를 다른 사람의 눈에 좋게 보이도록 하기 때문이다.

#04 다른 사람에게 쉽게 영향을 받는다

다른 사람들에게 잘 보이고 싶어하는 사람은 확실히 믿을 만하지 못하다. 왜냐하면 그들은 너무 쉽게 다른 사람에 의해 조종되기 때문이다.

"헤롯이 요한을 의롭고 거룩한 사람으로 알고 두려워하여 보호하며 또 그의 말을 들을 때에 크게 번민을 느끼면서도 달게 들음이러라" (막 6:20)

그러나 헤롯의 아내는 이 예언자에 대해 주의를 기울이지 않았다. 헤롯이 딸에게 원하는 것은 무엇이든 주겠다는 약속을 했을 때, 헤롯의 아내는 그것을 좋은 기회로 삼았다. 그녀는 딸에게 세례 요한의 머리를 요구하게 했다. 헤롯은 생일 파티 손님들 앞에서 약속했기 때문에 그 약속을 지킬 수밖에 없었고, 결국 요한의 머리를 자르라는 명령을 내렸다. 실제 헤롯은 그렇게 하기를 진정으로 원하지 않았는데도 말이다.

그는 요한의 머리를 자르는 것이 잘못이라는 것을 알고 있었지만, 다른 사람들에게 약속을 지키지 않는 사람으로 보이는 것이 두려웠던 것이다. 그는 자신이 확실하다고 알고 있는 진리보다 사람들의 눈을 두려워했던 것이다. 헤롯의 아내는 헤롯의 코에 걸린 그 코뚜레(황소의 코뚜레를 기억하라)를 알고 있었다. 원하는 것을 얻기 위해 그녀는 그 코뚜레를 잡아당겼고, 결국 그것을 얻었다.

#05 잘못된 이유로 옳은 일을 한다

당신이 이제까지의 범주에 속하지 않았다고 우쭐해서는 안 된다. 다른 사람들이 어떻게 보는가에 관심을 갖고 있는 사람들은 또한 기독교인답게 보이는 일을 많이 한다. 그러나 모두 잘못된 이유들로 인한 것이다. 만약 당신이 기도모임에 가는 것을 아무도 모른다면, 그래도 당신은 기도모임에 갈 것인가? 당신은 솔직히 성경 그 자체를 읽는 것보다 성경을 읽고 있는 당신을 다른 크리스천들이 보는 것을 더 즐거워하지 않는가?

교회에서 이런 사람들은 상황에 따라 그에 맞는 성경구절을 막힘없이 제시한다. 또 확신에 찬 모습으로 생활한다. 그러나 크리스친들로부터 멀어졌을 때, 즉 그들이 누구인지 알고 있는 사람들과 멀어졌을 때,

그들의 모습은 어떤가?당신은 어떤 것 같은가? 주시하는 다른 사람이 없을 때, 다른 사람을 즐겁게만 하는 사람들은 아주 쉽게 죄 속으로 들어가는 자신을 발견하게 될 것이다.

때때로 그들은 다른 사람들이 어떻게 생각하는지 전혀 관심이 없는 것처럼 행동한다. 그들을 보고 있는 다른 크리스천이 없을 때는 말이다. 그들은 다른 사람들이 자신에 대해 어떤 식으로 생각할지 모른다고 두려워하는 것 또한 다른 사람들이 알까봐 두려워한다. 일종의 혼동상태에 있는 것이다.

2. 하나님을 두려워하는 사람들의 특징은?

이제 동전의 다른 면을 살펴보자. "사람을 두려워하는 자는 올무에 걸리게 되거니와 여호와를 의지하는 자는 안전하게 되리라"(잠 29:25)고 잠언은 말씀하고 있다. 단순하게 이야기하면 하나님에 대

한 두려움은 다른 어떤 것보다 하나님이 생각하고 있는 것에 더 주의를 기울이는 것이다. 이것의 원천은 진리이며 하나님에 대한 깊은 사랑이다. 하나님을 두려워하는 사람은 주님의 전능하심과 그의 불변하심에 대한 감각을 지니고 있다. 그들은 하나님의 생각이 세상 그 누구의 생각보다 훨씬 더 위대하다는 것을 알고 있다.

#01 세상 사람들의 표준에 따르지 않는다

하나님을 두려워하는 사람은 최신 유행의 유명 브랜드 옷을 입을 필요가 없다. 다른 사람이 보기에도 깔끔한 적절한 가격의 옷이면 적합하다. 그들은 끊임없이 변하는 사람들의 표준에 따를 필요도 없다. 이렇게 보면, 어쩌면 당신은 사람들이 생각하는 것에 관심을 두지 않는, 진실로 믿음이 깊은 사람을 발견하지 못할지도 모른다. 그러나 하나님을 두려워하는 사람은 외적인 모습에 적절한 가치를 두는 것이 아니라 보다 더 중요한 것을 향해 나아간다. 이런 사람들은 항상 즐거운 일을 말하지는 않지만, 항상 선한 것을 말한다.

그들은 진정으로 하나님을 사랑한다. 그리고 사람들 역시 사랑한다. 그래서 때로 나쁜 소식일지라도 사람들을 돕기 위한 말들을 한다. 그렇기 때문에 그들은 주변 사람들에게 편안하지 못한 사람이 될 수도 있다. 그들은 당신이 경부 고속도로를 달려가고 있을 때,

상체를 구부리고 내다보며 "호남 고속도로로 가야 하지 않니?" 라고 말할 것이다.

그들은 참으로 재미란 재미는 모두 망치는 것처럼 보일 수도 있다. 그러나 마음속 깊이 들어가보면 당신은 그들이 당신을 사랑하고 있다는 것을 알게 된다. 신앙심으로 섬기는 사람은 "상하게 때리는 것이 악을 없이 하나니 매는 사람의 속에 깊이 들어가느니라"(잠 20:30)는 말씀을 알고 있다.

어떤 사람들은 하나님을 섬기는 사람들과는 같이 어울리기 어렵다고 생각하기도 한다. 그러나 그것은 사실과는 거리가 멀다. "할 수 있거든 너희로서는 모든 사람으로 더불어 평화하라"(롬 12:18)고 말씀하셨다. 크리스천은 죄나 폭동을 마주해야 할 때라도 은혜로운 말을 내놓기 위해 하나님께 지혜를 구해야 한다.

진리와 고난 앞에 기꺼이 섰던 바울은 "유대인에게나 헬라인에게나 하나님의 교회에나 거치는 자가 되지 말고 나와 같이 모든 일에 모든 사람을 기쁘게 하여 나의 유익을 구치 아니하고 많은 사람의 유익을 구하여 저희로 구원을 얻게 하라"(고전 10:32~33)고 말했다. 이처럼 다른 사람들에 대한 진실한 사랑이 없다면 의로움을 표방하는 모든 것은 '자기 의로움'이 되는 것이다.

하나님을 섬기는 사람은 매순간 작은 일에 당황하는 대신 시선을 하나님께 고정시키고 그분의 뜻에 따른다. 이사야를 보자. 하나님은 그에게 모든 옷을 벗고 벗은 발로 행할 것을 말씀하셨다(이사야 20장). 주께서는 그 이유를 이사야에게 전혀 말씀하지 않으셨다. 그리고 나서 3년 후 하나님은 이사야를 택하여 사람들에게 예언하셨다.

당신은 그것을 믿을 수 있는가? 어떤 사람들은 "나는 이 시기에 그가 정말로 분별력을 잃었다고 생각한다. 그에게 그런 일이 일어난 것은 틀림없이 지나치게 깊은 그의 종교심 때문이었을 것이다!"라고 말할지도 모른다. 제발 하나님의 뜻에 관해 그 어떤 이상한 생각들을 갖다 대지 말기를 바란다. 이것은 특별한 목적을 위해 하나님께서 주신 특별한 말씀이다.

하나님을 두려워하는 사람은 하나님이 어떤 식으로든 중상모략에 빠진다면, 성경을 통해 하나님이 선하다는 것을 설명하기 위해 목소리를 높일 것이다. 그들은 하나님이 자신들을 보호할 것이라는 사실을 믿는다. 그리고 하나님의 보호하심을 열심히 전한다. 어떤 대가를 치르더라도, 심지어 그의 생명을 내놓아야 할 때라도 그들은 진리를 말하는 것에 주의를 기울인다.

미가야는 다가올 전쟁에 대해 긍정적으로 예언하도록 명령받았다(열왕기상 22장). 모든 사람들이 왕에게 '청신호'를 주었지만, 미가야는 왕에게 재앙 속으로 들어가는 것이라는 진실을 말했다. 그는 하나님을 사랑했고 왕을 사랑했기 때문에 진실을 말했다. 그러나 왕은 그의 말로 인해 노하여 펄쩍 뛰었고, 미가야는 투옥되었다. 왕은 그 날에 죽임을 당했고, 그 전투는 패했으며, 미가야는 그의 정직에 대한 대가를 받았다.

#03 쉽게 속거나 조종당하지 않는다

사람을 기쁘게 하는 사람과는 달리 진실로 하나님을 섬기는 사람은 쉽게 속거나 조종당하지 않는다. 그는 자신이 아닌 하나님께 집중하기 때문에 세상은 그를 움직이게 할 수가 없다. 영적인 동기 이외에는 어떤 것도 소용이 없다. 코뚜레가 없는 황소를 어떻게 움직이게 할 수 있겠는가!

진실로 하나님을 두려워하는 사람은 그가 사랑하는 하나님을 부끄럽게 하기보다는 고난 당하는 것을 택한다. 심지어 나라 전체가 왕의 금 신상 앞에 절하기를 강요할 때조차도 하나님의 사람이었던 세 젊은 이는 거절했다(다니엘 3장). 격노한 왕이 그들을 풀무불 속으로 던져 넣겠다고 위협했을 때도 그들은 자신만만하게 말했다.

"우리가 섬기는 우리 하나님이 우리를 극렬히 타는 풀무 가운데서 능히 건져내시겠고 왕의 손에서도 건져 내시리이다 그리 아니하실지라도 왕이여 우리가 왕의 신들을 섬기지도 아니하고 왕의 세우신 금 신상에게 절하지도 아니할 줄을 아옵소서"(단 3:17~18).

그들은 아주 신실하고 요동함이 없었으며, 그들에게 강제로 그 어떤 것도 하게 만들 수 없었다. 그들은 하나님의 말씀을 마음에 새기고 있었다.

"내가 내 친구 너희에게 말하노니 몸을 죽이고 그 후에는 능히 더 못하는 자들을 두려워하지 말라 마땅히 두려워할 자를 내가 너희에게 보이리니 곧 죽인 후에 또한 지옥에 던져 넣는 권세 있는 그를 두려워하라 내가 참으로 너희에게 이르노니 그를 두려워하라"(눅 12:4~5).

그들은 말씀에 붙들려 있는 사람들이었다.

#04 내면의 세계가 깨끗하다

'영적'인 일이 진행되는 한, 하나님을 섬기는 사람들은 다른 사람이 자신에 대해 무엇을 알고 있는지 관심이 없기 때문에 자신을 알리려는 행동을 하지 않는다. 하나님은 이미 모든 것을 알고 계시기 때문이다. 그들은 기도를 통해 하나님과 대화를 나누며 교제하는 시간을 좋아한다. 보는 사람이 아무도 없을 때도 똑같이 행동한다.

하나님을 바라보는 것에 관심을 갖는 사람들은 컵의 바깥면을 닦는 데에 많은 시간을 쓰지 않는다. 그런데도 그 속은 아주 깨끗하다. 그들은 하나님을 찬양하기 원하기 때문에 자신들의 삶에 깊이 자리잡고 있는 것들 중 하나님을 욕되게 하는 것을 없애려고 애쓴다. 놀랍게도 그들은 자신의 죄와 실패를 숨김없이 드러낸다. 그들은 부족한 모습이 그대로 드러나는 것이나 사람들에 의해 판단받는 것을 두려워하지 않는다. "우리가 우리를 살폈으면 판단을 받지 아니하려니와(고전11:3)"라는 말씀으로 살고 있는 것이다.

#05 세상의 시선을 개의치 않는다

어떤 사람이 당신의 삶에 대해 칭찬을 할 때 어떻게 하겠는가? 당신은 "고마워, 최근에 더 열심히 노력하고 있고, 이제 잘 조절할 수 있을 것이라고 믿어"라고 말할 것인가? 하나님을 두려워하는 사람은 하나님께 속한 영광을 훔쳤다는 생각에 전전긍긍한다. "도가니로 은을, 풀무로 금을, 칭찬으로 사람을 시련하느니라"(잠 27:21)는 말씀을 기억하라. 당신의 마음이 어디에 있는지 가장 잘 알 수 있는 것이 바로 칭찬에 응답하는 것이다.

사실 하나님을 두려워하는 사람들은 어떤 일을 잘 해낸 것에 대해 사람들이 칭찬하지 않았다는 사실을 마음에 두지 않는다. "그 칭찬이 사람에게서가 아니요 다만 하나님에게서니라"(롬 2:29). 그러나 사람들은 악한 마음때문에, 주님을 더 가까이 따르는 사람에 대해 나쁘게 말하는 경향이 있다. 당신이 하나님을 사랑한다면 세상에 살면서 그러한 물살을 거슬러 헤엄쳐야 할 것이다.

이처럼 세상의 흐름을 거슬러 살아갈 정도로 전적으로 헌신한 사람은 실제적으로 악을 좌절시킨다. 그들은 사회적 이미지에 대해 관심을 기울이지 않는다. 그들은 비웃음 당하는 것에 관심을 가지지 않고, 그들이 소유하고 있는 것에 대해 연연해하지도 않는다. 그들은 사는 것에 대해 걱정하지 않는다. 그들은 오로지 하늘에 계신 아버지가 그들과 함께 기뻐하시는 것에 관심을 기울인다.

　그들은 유일한 재판관으로서 그리스도를 바라본다. 결국에는 그 분 한 분에게만 그들의 삶에 대해 설명하게 될 것이라는 사실을 알고 있다. 사람들의 생각은 그 판단에 조금의 영향도 미치지 못한다. 제자들은 계속해서 그들을 학대한 사람들에게 대답했다.
　"하나님 앞에서 너희 말 듣는 것이 하나님 말씀 듣는 것보다 옳은가 판단하라"(행 4:19).

#06　죽음을 두려워 하지 않는다

핵무기는 폭파 당시의 파괴력 이외에도 적군들에게 방사능의 치명적인 해를 끼칠수 있기 때문에 전쟁용 무기로서는 이득이 크다. 그러나 한 가지 큰 결점이 있다. 폭파된 지역 외곽에 있는 사람들이 죽을 수 있을 정도의 다량의 방사선이 노출되지만, 그들이 언제 죽을지 모른다는 것이다.

　당신은 며칠 안에 죽게 될 것이라는 사실을 확실하게 알고 있는 적군의 병사들에 대항해서 싸우고 싶은 마음이 들겠는가? 그들은 이를 악물고 불꽃을 내뿜는 기관총을 가지고 사선을 넘어 돌진해

올 것이다. 그들은 기꺼이 모든 위험을 감수할 것이다. 왜냐하면 그들은 생명을 보존하려고 애쓸 필요가 없다는 것을 알고 있기 때문이다. 우리 자신의 목숨에 대한 이런 종류의 포기를 예수님이 말씀하고 계신다.

"누구든지 제 목숨을 구원코자 하면 잃을 것이요 누구든지 나를 위하여 제 목숨을 잃으면 찾으리라"(마16:25).

이것이 제자들이 이 세상을 뒤집어놓을 수 있었던 이유이다. 그들은 자신의 목숨을 포기했고 구주를 위해 모두 밖으로 나갔다. 그것이 바로 바울이 "내게는 우리 주 예수 그리스도의 십자가 외에 결코 자랑할 것이 없으니 그리스도로 말미암아 세상이 나를 대하여 십자가에 못박히고 내가 또한 세상을 대하여 그러하니라"(갈 6:14)고 한 말의 의미이다.

3. 당신의 진짜 모습은?

어떤 일이든 실패를 많이 하게 되는 것은 허세를 부리기 때문이다. 일반적으로 사람들은, 아직 당신 자신이 스스로에 대해 받아들이지 않았을 때, 당신의 드러나는 모습을 받아들인다. 왜냐하면 그들은 아직 진짜 당신의 모습을 보지 못했기 때문이다. 그들은 단지 당신이 보이기를 희망하는 이미지만을 받아들인다.

그러나 주께 받아들여졌을 때 우리는 여러 방향으로 자신의 모습을 흐트러뜨리지 않고 자유롭게 그분을 섬길 수 있다. 사람을 기쁘게만 하는 사람은 자신의 판단에 따라 거짓으로 사람을 보지만, 마지막 날에는 모든 시대의 모든 사람들의 생각이 모두 다 소용없는 것이 될 것이다. 하나님이 생각하는 것만이 중요하다.

아이러니컬하게도 어떤 방식으로든 모든 사람을 기쁘게 하겠다는 목표를 가진 사람들은 결국 사람이나 하나님 양쪽 모두에게 거

절당할 수 있다. 빌라도와 헤롯 둘 다 사람들의 소망 앞에 자신의 의지를 꺾고 무릎을 꿇었고, 당시 모든 사람들도 그것을 좋아했다. 그들은 존경을 원했으나 그로 인해 불명예의 본보기가 되었다. 오늘날 당신은 '헤롯'이나 '빌라도'라는 아이 이름을 들어본 적이 있는가?

하나님은 모든 사람늘이 생각하고 있는 근심이나 걱정을 염두에 두지 않는 사람, 그리고 주를 섬기고 기뻐하는 것에 마음을 두고 있는 사람을 찾고 계신다. 당신이 합당한 경외심을 하나님께 드릴 때, 당신은 자신이 생각했던 것보다 훨씬 더 가깝고 더 좋은 친구가 되시는 하나님을 발견하게 될 것이다.

성령 하나님의 인도하심에 항복할 것을 결심하라. 그것이 당신에게 어떤 대가를 치르게 하더라도, 비웃음을 당할지라도, 그것이 일시적인 결과일지라도, 그 어떤 상황이라도 상관하지 말라. 그러면 주께서 당신과 함께하실 것이고 모든 의로운 행동 안에서 당신을 강하게 할 것이다.

"하나님이 우리에게 주신 것은 두려워하는 마음이 아니요 오직 능력과 사랑과 근신하는 마음이니 그러므로 네가 우리 주의 증거와 또는 주를 위하여 갇힌 자 된 나를 부끄러워 말고 오직 하나님의 능력을 좇아 복음과 함께 고난을 받으라"(딤후 1:7~8).

2

열린 마음과 정직함

멜로디 그린

이 주제는 모든 사람에게 중요한 것이다. 인간관계에 있어서 의사소통의 선한 원칙들을 배우고 연습할 수 있는 기회가 될 것이기 때문이다. 가장 친밀한 인간관계인 결혼생활에서 문제가 되는 것 중의 하나는 '대화의 결핍'이다. 여기에서 대화는 단지 말하는 것(우리들 모두는 말을 한다)을 의미하는 것이 아니라, 우리 마음의 상함, 희망, 좌절, 그리고 두려움에 대해 드러내놓고 정직하게 나누는 것을 의미하는 것이다. 다른 말로 하면 우리 마음 깊숙한 곳을 서로 나누고 선함을 나누면서 '실제의 우리'를 보는 것이다. 그런 정직함에 대한 생각이 어떤 사람들에게는 너무 두려운 일이라는 것을 안다. 그렇기 때문에 그것에 관해 말하고자 하는 것이다.

누구나 인생에 있어 최소한 한 사람에게는 친밀한 방식으로 이해받고 서로 나눌 수 있기를 갈망한다. 결혼을 했다면, 남편이나 아내가 당신이 찾고 있는 가장 충실하고 사랑스러운 친구가 될 수 있을 것이다. 그렇기 때문에 결혼 안에

서 좋은 대화는 절대적으로 필요하다. 만약 서로 정직하게 말할 수 없다면 서로의 관계는 서서히 소원해질 것이고, 각자 자신들만의 '분리된 작은 세상'에서 살게 될 것이다.

중요한 것은 친구를 만들기 위해서 당신 또한 친구가 되어야만 한다는 사실이다. 이것은 당신의 마음을 열고 당신의 인생을 버린다는 것을 의미한다. 당신이 누리기를 원하는 사랑과 우정, 교제를 다른 사람에게서 먼저 보기를 바라기 전에, 먼저 당신이 마음을 열고 삶을 내려놓아야 한다는 것을 의미한다. 이 원칙은 당신이 앞으로 갖게 될 모든 사람들과의 관계에도 적용되는 것이다.

내가 처음으로 남편을 만났을 때, 우리는 둘 다 열심히 진리를 추구하고 있었지만 크리스천은 아니었다. 그렇지만 나는 그가 정직하다는 것에 확신이 있었다. 그는 거짓을 미워했고, 자신이 생각하고 있는 것에 대해 항상 솔직하게 이야기했다. 나는 그의 이러한 성품을 존경했고 나 또한 그에게 마음을 열 수 있기를 소망했다. 그러나 한편으로는 그의 정직함이 나를 당황스럽게 만들기도 했다. 왜냐하면 그는 자신을 드러내는 만큼 나의 생각 역시 알기 원했기 때문이다.

나는 비사교적이었고, 드러내지 않고 내 안에 가지고 있는 것들을 좋아했다. 나는 다른 사람들이 나에 관해 너무 많은 것을 알게 되면 불편하기 때문에 내 속에 있는 것을 많이 드러내지 않았다. 나는 대수롭지 않은 일에 대해서 습관적으로 거짓말을 했고, 내 마음에 품고 있는 실제 생각들을 누구에게도 거의 말하지 않았다. 누군가가 나에게 개인적인 질문들을 너무 많이 하면 나는 방어적인 자세를 취하였고 왜 그들이 그렇게 참견을 하는지 궁금했다. 당시 나는 그들이 나와의 피상적인 우정이 아니라 더 깊은 것을 찾고 있을지 모른다는 것을 깨닫지 못했다.

이런 성향은 깨닫지도 못한 사이 내 인생에 깊은 영향을 끼쳤다. 그러나 이전에는 어느 누구도 그 사실을 내게 드러내놓고 말하지 않았다. 나는 내 안에 다른 사람들에게 보이기를 허용한 부분과 숨긴 채 가지고 있는 부분을 갖고 살아가는 것에 만족했다. 그러나 남편은 타고난 대화술의 사람이었고, 나에 대해 알기를 원했다.

나는 내 인생에서 그렇게 끈질긴 사람을 만나보지 못했다. 왜 그는 내게 그렇게 많은 질문을 하는가? 그리고 건성으로 답하는 것이 아니라 정직하게 답할 것을 요구하는 용기를 어디서 얻었을까? 나는 그가 내 곁을 떠나가기를 원한 적이 수도 없이 많았다. 때때로 대립도 격렬했다. 그는 내게 질문을 했고, 나는 "잘 모르겠는데요", "기억이 나지 않아요(거짓말이다)"라고 회피하듯 대답하곤 했다.

혹은 화를 내거나 울어버리거나 아무 말도 하지 않은 채 바닥만 바라보며 말하기를 거부하기도 했다.

나는 진심으로 그가 포기하고 나를 떠나기를 바랐다. 그리고 나는 내 작은 껍질 속으로 다시 살금살금 들어가기를 희망하고 있었다. 나는 내 자신을 열고 나갔을 때 상처를 받게 될까 너무나 두려웠던 것이다. 나의 있는 모습 그대로를 보인다면 싱처를 받을 것이고 결국 거절당할 것이라고 확신했던 것이다.

1. 나는 누구인가?

"웃을 때에도 마음에 슬픔이 있고, 즐거움의 끝에도 근심이 있느니라"(잠 14:13).
그런데 내가 놀란 것은 내가 인생의 많은 시간을 다른 사람이 내 모습을 받아들이도록 노력하는 데 쓰고 있다는 것을 깨달았을 때였다. 당시 나는 결코 나 자신의 개성이나 성격을 개발할 생각을 하지 않았다. 그리고 나의 의견과 다른 의견을 가진 사람과의 대립을 피하기 위해 정직하지 않은 내 모습을 합리화했던 적이 많았던 것도 알게 되었다.

나는 카멜레온이었다. 나는 항상 부드럽게, 그리고 상황 속에 적절하게 처신을 했고 또 어떤 풍파도 없고 어떤 위협으로 괴롭힘을 당하지도 않았다. 반면에 나는 '명쾌하고 정확한 생각'을 나누지 않았기 때문에 마음을 나눌 수도 없었다. 나는 속이 텅 빈 껍데기가 되었던 것이다.

사실 나는 마음을 여는 것에 대한 두려움을 갖고 있는 무력한 자신을 보면서 절망했고, 그 절망의 너머에서 나 스스로를 사람 취급도 못 받는 사람으로 생각하기 시작했다. 그러나 그것이 나 자신의 잘못이라는 것을 알게 되었다. 스스로 만든 감옥에 나를 가둔 것이다. 외적으로 나는 좋아 보였지만, 내적으로 나는 거대한 불안과 두려움과 고통 가운데 있었다.

내가 이런 황폐함을 드러낸다는 것은 조심스러웠고, 희망이 없는 것처럼 보였다. '나는 누구인가?'라는 질문에 대한 답을 마침내 찾았지만, 나는 그것을 좋아하지 않았다. 나는 가짜였던 것이다! 결국 나는 무엇이 문제인지 알고 있었던 것이다. 해결책을 찾는 과정은 쉽지 않았다. 나는 내가 속고 있었다는 것을 알기 전에 내 영혼을 고통스럽게 하는 갈등과 대립으로 수없이 많은 눈물의 밤을 보냈다. 그리고 나서야 내가 속고 있다는 것을 알게 되었고 인정하게 되었다.

남편과 나는 마침내 계속적으로 찾고 있던 진리를 발견했다. 예수님의 부드러운 사랑과 자비가 내게 흘러들었던 것이다. 나는 내가 정직한 사람이 되지 않는다면 하나님을 기쁘게 할 수 없다는 사실을 깨닫기에 이르렀다. 나는 내가 죄 속에 있다는 것을 보았고, 하나님이 하신 것처럼 그것을 미워하는 것을 배웠다.

"거짓 입술은 여호와께 미움을 받아도 진실히 행하는 자는 그의 기뻐하심을 받느니라"(잠 12:22).

그것은 쉽지도 않았지만 고통스럽지도 않았다. 그러나 하나님이 없었다면 불가능한 것이었다.

2. 일찍 가시를 빼라

사랑과 신뢰에 기초하지 않으면 아름다운 열매를 맺는 관계를 만들 수 없다. 이 원칙은 어떤 관계에도 적용되는 것이다. 특히 매일 상호작용이 있지만 때로 대립이 있는 결혼생활에서는 필수적이다. '모든 대가를 치르고서라도 평화를 유지' 하고자 하는 유혹이 있기 때문이다. 그러나 만약 이런 태도가

점검되지 않고 남아 있다면 결혼생활에 어려움이 있을지도 모른다.

손가락에 작은 가시 하나가 있다고 하자. 그것을 빼내기 위해서는 약간의 상처를 내어야 한다. 그래서 당신은 그것을 무시하기로 결정했다. 사흘이 지난 후 당신은 고통 속에서 잠을 깼다. 손가락은 욱신욱신 쑤시고, 감염으로 인해 타는 듯이 빨갛게 되었고, 원래 크기의 두 배로 부풀어 있었다. 가시 때문이라는 것을 알고 있기 때문에 더 고통스럽다. 이젠 처음보다 두 배로 상처를 내야 가시를 뺄 수 있지만, 당신은 더 이상 기다리지 않고 즉각적으로 조처를 취해야겠다고 생각하는 자신을 보게 될 것이다.

처음에 기회가 주어졌을 때 그것을 제거하지 않고 그대로 둔다면, 안에 남아 있는 것이 곪게 되거나 더 악화되어 그 약간의 상처가 당신을 조종하게 될 것이다. 성경은 우리에게 "해가 지도록 분을 품지 말라"(엡 4:26)고 말한다. 만약 우리 내면에 다른 사람에 대한 상함이나 어떤 것이 쌓여 있거나 우리가 그 무게에 눌려 있다면, 눌려 쓰러질 때까지 기다리지 말고 즉각 해결책을 찾아야 할 것이다.

누군가 당신이 상함을 입었다는 것을 알기를 원한다면, 당신은 "으-윽"이라는 소리를 내야 한다. 그것은 스스로를 알리고 숨은 것을 밖으로 드러내는 것을 의미한다. 그런데 불행하게도 많은 사람들이 너무 자존심이 세서 그렇게 하지 못한다. 진실된 감정이나 약함을 드러내는 것보다 마음에 상함과 쓰라림을 가진 채 걸어가는 것을 선택한다. 겉으로  보기에 사소한 일들이 당신을 화나게 했을 때 사실 더욱 당혹스럽다. 그러나 이런 일조차도 드러내놓고 그것에 관해 얘기하고 그것을 위해 기도할 필요가 있다.

자존심이 강해서 실제 감정을 나누지 못하는 사람들은 일반적으로 무언가 잘못되었다는 것을 그들의 행동이나 표현을 통해 나타낸다. 그러나 그들은 당신에게 무슨 일이 있는지 말로 하지는 않는다. 그들은 자신들의 마음을 당신이 읽어 주기를 원한다. 약간은 비꼬인 듯한 힌트들을 통해 당신에게 도움을 요청하고 있을지도 모른다.

그럼에도 불구하고 그들은 무엇 때문에 괴로운지 드러내지도 않고 말하지도 않을 것이다. 이런 행동을 하는 사람들은 함께 살아가기 위해 노력해야 할 것을 대화로 풀지 않아 주변 사람들을 좌절시킨다. 결국 그들은 자신들의 노력은 없이 그저 이해되기를 원하기 때문에 잔혹하고 이기적인 게임을 하고 있는 것이다(내가 그러했기 때문에 나는 그런 마음을 잘 알고 있다).

우리는 다른 사람들의 행동에 대해 잘못된 결론을 내릴 수 있기 때문에 주의해야 한다. 예를 들어 남편이 일터에서 집으로 돌아왔다고 하자. 화가 나 있는 그를 보며 당신은 무엇이 문제인지 그에게 묻는 대신 '그가 나에게 화가 나 있을지 몰라. 아마 오늘 아침에 다툰 것 때문에 아직도 화가 나 있을 거야. 신경이 너무 예민해. 난 오늘 아침 우리가 제대로 결정했다고 생각해. 그런데 그는 왜 그 일을 잊을 수 없는 거지?' 하고 생각할 수 있다. 그리고 당신이 깨닫기도 전에 방어기제를 발휘해 바로 부엌으로 화난 발을 구르며 갈 수 있다.

만약 우리가 우리 자신에 대해 집중하고 그렇게 걱정하지 않는다면, 우리는 다른 사람들에게 마음에서 우러나는 관심을 훨씬 더 많이 가질 수 있을 것이다. 만약 이 부인이 남편에게 무엇이 문제인지 물었다면, 일터에서 남편에게 어려운 일이 있었다는 것을 알게 되었을지도 모른다. 혹은 하나님이 그에게 시험을 주셨는데 비참하게 실패해서 스스로에게 화가 나 있었다는 것을 알 수 있었을지도 모른다.

그러나 부인은 대화로 확인하는 최선의 방법을 선택하는 대신 최악을 추측했다. 또한 남편이 하나님께 돌아오도록 격려함으로써 그를 섬길 수 있는 기회를 놓쳤다. 다른 사람들에 대해 충분한 시간을 가지고 주의를 기울이지 않는다면, 어떻게 우리가 누군가의 마음에 무슨 일이 일어났는지 알 수 있겠는가? 사랑은 "모든 것을 참으며 모든 것을 믿으며 모든 것을 바라며 모든 것을 견디느니라"(고전 13:7).

허세를 부린다는 것은 두려움을 갖고 있다는 것을 의미한다. 다른 사람들이 '실제적인 나'의 모습이 아닌 보여지는 외면적인 모습만을 사랑한다면, 우리는 결코 그 사랑으로부터 완전한 만족을 느낄 수 없다. 우리는 있는 그대로의 모습을 보임으로 인해 다른 사람들로부터 사랑받지 못하게 될까봐 두려워하는 경향이 있다. 그래서 보이기 위한 쇼는 계속 진행되는 것이다.

이상하지만 어떤 사람들은 오히려 이것을 안전하게 생각한다. 왜냐하면 어떤 이유로 인해 거절을 당했을 때, 그것이 어떤 식이든 '실제의 나'가 아니라는 사실로 스스로 변명할 수 있기 때문이다. 따라서 그들은 인생이 잘못되고 있을지 모른다는 생각에서 벗어날 수도 있고, 혹은 변화에 대한 책임을 완전히 지지 않아도 되는 것이다. 악순환이다. 이를 변화시키기 위해서는 성령님과 함께하는 더 많은 기도와 의식적인 노력이 필요하다.

다른 사람들에게 '실제의 나'를 사랑할 기회를 주지 않는다면, 우리는 그것이 가능하다는 것을 결코 알지 못할 것이다. 우리는 먼저 문제의 근원이 죄라는 것을 보아야 한다. 거절에 대한 두려움은 실제로 사람에 대한 두려움이다. "사람을 두려워하면 올무에 걸리게 되거니와 여호와를 의지하는 자는 안전하리라 주권자에게 은혜를 구하는 자가 많으나 사람의 일의 작정은 여호와께로 말미암느니라"(잠 29:25~26). 또한 성경은 우리에게 "여호와를 경외하는 것이 지혜의 근본이요 거룩하신 자를 아는 것이 명철이니라"(잠 9:10)고 말하고 있다. 우리가 추구해야 하는 것은 하나님의 인정이다. 옳은 분을 두려워한다면, 우리는 옳은 일을 하고 있는 자신을 발견하게 될 것이다.

3. 결코 포기하지 말라!

인간관계에 어려움이 있다면, 우리는 그것이 제자리를 찾아가도록 온 힘을 다해야 한다 결혼 생활에 있어서는 특히 그렇다. 만약 당신이 포기하고 '아무 것도 도울 수 없다'거나 '그녀는 결코 변화되지 않아'라고 생각한다면, 당신은 '결혼 사망 증명서'에 서명하는 것이다.

먼저 당신은 대화를 하도록 노력해야 한다. 자연스럽지 못하고 억지인 것처럼 보일지라도 용기를 잃어서는 안 된다. 당신이 용기를 가지면 가질수록 관계의 어려움이 해결될 것이고, 그렇게 되면 당신이 노력했다는 것에 감사할 것이다. 아무리 고통스러울지라도 치유된 이후에는 영광스러움을 느끼는 것이다.

목에 끼워넣은 튜브를 통해 억지로 음식물을 위로 넣는, 그야말로 심각한 병을 앓고 있는 사람을 생각해 보라. 확실히 그 상태에 있다는 것이 당황스러울 것이다. 그리고 상당히 불편할 것이다. 그러나 최소한 그는 아직 살아 있다! 상태가 좋아지면 그는 스스로 먹을 힘을 얻을 것이다. 또한 그는 '끔찍스런 튜브'에 대해 감사할 것이다. 그리고 그의 가족과 주치의가 그를 사랑해서 포기하지 않은 것에 대해 감사할 것이다.

어느 날 남편이 "내가 당신을 더 행복하게 하려면 어떻게 하면 될까?" 하고 물었다. 나는 내 귀를 믿을 수 없었다. 그것은 내게 큰 기회였다. 그런데 열심히 생각했지만 나는 겨우 몇 가지 일밖에 제안할 수 없다는 것을 알고는 매우 놀랐다(나는 훨씬 더 많을 것이라고 생각했다). 나도 남편에게 똑같은 질문을 했고, 그 역시 두 가지를 제안했다.

우리는 둘 다 그런 몇 가지 작은 불평거리들이 우리를 그렇게 괴롭혔고, 우리의 '인생보다 더 크게' 보였다는 사실에 놀랐다. 게다가 대부분 그런 것들은 약간의 노력과 배려로 충분히 고칠 수 있는 단순한 것이었다. 말할 필요도 없이 우리는 열심히 노력하기 시작했다.

당신도 남편이나 아내에게 어떻게 더 행복하게 할 수 있을지 묻

고, 그 답을 듣게 되면 아마 틀림없이 놀라게 될 것이다. 그러나 한 마디 주의의 말을 한다면, 당신이 만약 행동으로 그것을 따를 준비가 되어 있지 않다면 묻지 말기 바란다. 당신이 행동으로 보이기 위해 노력하지 않는다면, 이는 당신이 진실로 관심을 갖고 있지는 않다는 것을 보여주는 것이기 때문이다. 결국 이는 신뢰의 상실로 인해 오히려 고통이 될 것이다. 이는 다른 인간관계에 있어서도 마찬가지이다.

우리는 생각이나 축복의 말을 메모했다가 서로 교환할 수도 있다. 함께 나누는 것이다. 일단 당신이 마음을 나누는 습관을 들이게 되면, 더 이상 이런 방식을 취할 필요는 없다. 당신이 마음을 진정으로 나누고 있는 한 방법은 중요한 것이 아니다. 무엇보다 함께 기도하며, 하나님께 또 서로에게로 더 가까이 나아갈 수 있도록 간구하라. 주께 마음을 열 수 있도록 간구하라.

만약 당신이 실패하거나 당신들 중 한 사람 혹은 두 사람 모두 '자연스럽게' 뒤로 가고 있는 것을 발견하게 되더라도 용기를 잃지 말라. 당신들 둘 다 깨뜨려야 할 나쁜 습관들을 수년 동안 지켜왔다. 그리고 그것은 하룻밤 사이에 모두 변화될 수 있는 것이 아니다. 그러나 실패에 대해 얘기하고 서로 용서하고 다시 시작한다면, 나는 당신이 바로 향상되는 것을 볼 수 있을 것이라고 생각한다.

만약 당신의 남편이나 아내가 노력할 준비가 되어 있지 않다면, 당신이 솔선해서 당신의 삶을 변화시켜라. 만약 당신이 사업에 이 것을 적용한다면, 하나님을 신뢰하며 마음이 열린 당신의 결정은 직원들의 열정을 강하게 할 것이고, 그들에게 용기를 북돋아주어 한 걸음 더 전진을 시도하도록 만들 것이다.

"그러므로 너희는 하나님의 택하신 거룩하고 사랑하신 자처럼 긍휼과 자비와 겸손과 온유와 오래 참음을 옷 입고 누가 뉘게 혐의가 있거든 서로 용납하여 피차 서로 용서하되 주께서 너희를 용서하신 것과 같이 너희도 그리하고"(골 3:12~13).

다른 사람의 결점이나 당신의 상함을 나누게 될 때, 용서하고 잊을 준비가 되어 있는 상태로 사랑과 온유함을 나타내야 한다. 기억하라. 죄는 하나님을 가장 상하게 하는 것이다. 그리고 당신의 동기는 당신이 사랑하는 사람이 하나님과 올바른 관계를 회복하도록 하는 것이 되어야 한다. 만약 당신이 어떤 문제에 대해 남편이나 아내에게 말하는 것을 하나님이 원하신다면, 그것을 정직하게 말하는 것을 꺼리는것은 하나님 안에서 그들의 성장을 방해하는 행동이다.

말하기에 민감하고 어려운 것이 많다면, 먼저 하나님이 당신에게 적절한 때와 바른 말을 주시도록 기도하라. 또 하나님께 배우자의 마음이 열려서 하나님을 받아들일 수 있도록 준비시켜 달라고 기도

하라. 잘못되더라도 상관하지 말라. 변화되어야 할 사람이 변화되
도록 해야 한다. 그들이 하는 행동 모두를 사랑하지는 않을지라도
당신이 그들을 사랑하고 있다는 사실과 그들이 신앙이 깊은 사람으
로 성장하고 예수님을 닮아가기를 바란다는 사실은 변하지 않는다
는 것을 확신하라.

당신이 받아들어야 하는 것이 너무 힘겨운 상황이라도 방어하지
말고, 최근에 행하고 있는 모든 선한 것들을 멈추지 말라. 그러나
솔직하게 당신이 어디에서 잘못되었는지 보도록 노력하라. 당신의
잘못을 정당화하려고 하지 말라. 당신이 잘못된 선택을 해서 하나
님과 주위 사람들의 마음을 아프게 했다는 것을 인정하라. 재빨리
당신의 실수를 인정하고 미안하다고 말하라.

문제가 무엇인지 깨닫게 되었을 때 방어적인 자세를 취하거나 화
가 난 상태로 해결해 나간다
면, 그동안 열심히 쌓아올린
신뢰를 단번에 무너뜨리고
상대의 마음을 닫게 만들 것
이다. 다른 사람이 당신에게
다가오는 것을 두려워하게
만든다면, 그들은 마음을 열

지 못할 것이다. 그 누구도 화가 난 사자 동굴로 걸어 들어가기를 원하지 않는다.

마음을 열고 정직해지는 것이 당신에게 면죄부를 주는 것은 아니다. 리차드 쉘리 테일러는 그의 책 『훈련된 삶』(The Disciplined Life)에서 이에 대해 다음과 같이 요약하고 있다.

어떤 사람들은 솔직함으로 인해 스스로를 자랑스러워한다. '내가 생각하는대로 말하는 것' 이라고 그들은 자랑한다. 성경은 어리석은 사람들이 그렇게 행동한다고 말한다. "어리석은 자는 그 노를 다 드러내어도 지혜로운 자는 그 노를 억제하느니라"(잠 29:11). 솔직함은 이해하고 사랑하는 마음, 그리고 신중함과 함께 할때 참으로 귀한 덕목이 된다. 그러나 시간과 장소, 인간의 감정을 고려하지 않은 채 단지 어떤 의견에 대한 사실만을 고삐 풀린 듯이 분출한다면 그것은 다른 사람에게 해를 가하는 악한 것이 된다. "혹은 칼로 찌름같이 함부로 말하거니와 지혜로운 자의 혀는 양약 같으니라"(잠 12:18).

당신이 사랑하는 사람들이 예수님을 더 깊이 섬기고 만나도록 격려함으로써 당신의 밀을 통해 치유기 일어날 수 있을 것이라는 목표를 정하라. 정직함 안에서 지혜와 사랑이 진리를 손상시키지 않고 균형을 이룰 수 있도록 하나님께 구하라.

인간관계에 있어서 무관심만큼 나쁜 것은 없다. 하나님이 그의 아들 예수님과 성령님과 가졌던 그 친밀한 관계를 생각하라. 그분은 의사소통에 아무런 문제가 없었다. 왜냐하면 그 관계는 가장 깊은 사랑 위에 세워졌기 때문이다. 우리는 하나님의 형상으로 창조되었다. 이것은 우리 역시 사랑의 관계를 경험할 수 있다는 것을 의미한다. 그러나 관계에 있어서 우선 순위가 하나님께 있지 않다면, 그 결과는 단지 일시적인 것이 될 것이다.

하나님과의 올바른 관계에서만이 인생을 변화시키는 힘을 얻을 수 있고, 지속적인 변화를 일으킬 힘을 얻을 수 있다. 만약 당신이 부부관계나 다른 사람들과의 관계에서 하나님께 영광 돌리기를 구하고 있다면, 하나님이 당신에게 그렇게 할 수 있는 능력을 주실 것이다. 그러나 하나님과의 올바른 관계를 붙들지 못한다면, 당신은 결코 주 안에서 진정한 자유나 참된 행복을 알지 못할 것이다.

3

시기심,
우리의 숨겨진 죄

존 다우슨

당신 마음 속에 시기심이 있는가? 얼마나 많은 일이 이 변덕스런 감정에서 비롯되는가? 당신은 '많지 않다'고 말할지도 모른다. 그러나 당신은 마음속의 격정적인 이 감정이 가지고 있는 압도적인 힘과 교활함을 참으로 이해하고 있는가? 당신은 이 주제에 대한 하나님의 시각에 놀라게 될 것이다. 일상생활 속에서 우리가 하나님을 시기하고 있다는 사실은 그분만이 행하실 수 있는 일에서조차 그분을 신뢰하지 않는 것으로 나타난다. 우리는 하나님께 합당한 가치를 돌려 드리지 않는다. 우리의 시기심과 질투는 감사와 찬양을 억눌러 버린다.

만일 예수님의 삶이 일상 속에서 우리를 통해 역사하지 않는다면 우리가 어떤 일들을 잘 하려고 할 때마다 시기심이 우리 마음속에 전반적인 동기를 부여하게 된다. 우리는 이를 전도서 4장 4절과 6절의 포괄적인 서술에서 발견할 수 있다.

"내가 또 본즉 사람이 모든 수고와 여러 가지 교묘한 일로 인하여 이웃에게 시기를 받으니 이것도 헛되어 바람을 잡으려는 것이로다 한 손에만 가득하고 평온함이 두 손에 가득하고 수고하며 바람을 잡으려는 것보다 나으니라"(전 4:4, 6).

시기심은 냉혹한 것이다. 그것은 살인이나 잔혹힘의 공통적인 동기이고, 히틀러와 같은 대량 학살자의 행동의 근본적인 뿌리이다.

"분은 잔인하고 노는 창수 같거니와 투기 앞에야 누가 서리요"(잠 27:4), "사랑은 죽음같이 강하고 투기는 음부같이 잔혹하며 불같이 일어나니 그 기세가 여호와의 불과 같으니라"(아 8:6)는 말씀을 기억하라.

시기심은 우리 생각과 행동에 영향을 미치면서 다른 동기들의 근원에 숨겨져 있다. 초신지일 때 우리들은 시기심을 명백한 죄의 영역으로 쉽게 취급하지만, 그것은 영적 지도자들이 외식적으로 고귀한 행동을 하게 만드는 동기를 제공하면서 그들의 마음 속 깊은 곳에 숨어 있기도 한다. 성경은 "만물보다 거짓되고 심히 부패한 것은 마음이라"고 말하며, "누가 능히 이를 알리요?" 하고 질문하고 있다. 오직 하나님의 영만이 우리 동기의 근원을 분간할 수 있다. 우리는 절대적으로 예수님이 필요한 것이다!

성경에 나오는 나이 어린 두 소년, 가인과 아벨의 가슴아픈 이야기를 보자.

"세월이 지난 후에 가인은 땅의 소산으로 제물을 삼아 여호와께 드렸고 아벨은 자기도 양의 첫 새끼와 그 기름으로 드렸더니 여호와께서 아벨과 그 제물은 열납하셨으나 가인과 그 제물은 열납하지 아니하신지라 가인이 심히 분하여 안색이 변하니 여호와께서 가인에게 이르시되 네가 분하여 함은 어찜이며 안색이 변함은 어찜이뇨 네가 선을 행하면 어찌 낯을 들지 못하겠느냐 선을 행치 아니하면 죄가 문에 엎드리느니라 죄의 소원은 네게 있으나 너는 죄를 다스릴지니라 가인이 그 아우 아벨에게 고하니라 그 후 그들이 들에 있을 때에 가인이 그 아우 아벨을 쳐 죽이니라”(창 4:3~8).

시기심이 우리 마음에 생길 때 우리가 얼마나 끔찍하고 잔인한 일들을 저지를 수 있는가 진정으로 헤아려 본 적이 있는가? 이들 형제는 첫 가정의 가족으로서 비교적 죄로부터 자유로운 때에 살았다. 그들이 서로 사랑했다고 생각하는가? 물론 그들은 서로 사랑했다. 그러나 시기심 때문에 형이 아우를 죽였다.

사람들은 종종 명예와 인정에 대한 강한 욕망 때문에 시험을 당한다. 아벨은 영예를 얻었고, 가인은 아니었다. 4절에서 “가인과 그 제물은 열납하지 아니하신지라”고 말하고 있다. 사랑의 하나님이 가인의 분함이 절정 상태일 때 가인과 상담을 하셨지만, 시기심 강한 가인의 영혼은 동생을 파멸시킬 것을 선택했다.

‘질투, 시기’에 대한 히브리어는 깊은 정서적 갈망을 의미한다. 당신 자신의 마음이 제어되지 않는다면, 이 죄의 힘을 과소평가하지 말라. 당신은 살인을 저지르지는 않을지 모르지만, 다른 사람을 비난함으로써 그들의 명예를 손상시키는 암살자 성향을 갖고 있을 수도 있다. 명예를 받을 만하다면 그 사실을 인정하라. 시기심은 정직함의 적이다.

창세기 37장 1절에서 11절까지의 말씀에 기록된 요셉과 그 형제들의 이야기는 시기심이 형제들을 잔인하게 갈라놓는 또 다른 예를 보여준다. "그 형들은 시기하되 그 아비는 그 말을 마음에 두었더라." 요셉이 자신이 꿈을 밀했을 때, 아버지는 그 말을 진지하게 받아들였다. 그리고 요셉을 하나님이 택하신 중요한 사람으로 여겼다. 이것이 그의 형들을 자극했고, 결국에 어린 동생을 죽여버릴 마음을 품게 만들었다.

그리고 사무엘상 18장에는 사울 왕과 목동 다윗의 놀라운 이야기가 있다. 사울은 처음에는 다윗을 사랑했지만, 그가 위대한 명성을 얻고 영예롭게 된 것에 대해 화가 났다.

"사울이 이 말에 불쾌하여 심히 노하여 가로되 다윗에게는 만만을 돌리고 내게는 천천만 돌리리니 그의 더 얻을 것이 나라밖에 무엇이냐 하고"(삼상 18:8).

남자들은 어떤 영역, 특히 힘이나 지위, 명예 같은 욕망의 부분에서 여자들보다 시기심으로 인해 더 상처를 입는다. 우리는 의식하지 않는 사이에 본능적으로 스스로를 다른 사람과 비교한다. 우리는 무엇이든지 볼 때마다 우리 자신을 비교한다. 우리의 신분, 재산, 명성, 위치 등을 다른 사람이나 다른 기관과 비교한다.

　우리는 완벽할 것을 요구하는 업무 수행 중심적인 세상에 살고 있다. 소유에 대한 사람의 욕망은 어떤 대상에 대한 사랑이나 안전에의 욕구가 아니라 종종 얻기를 희망하는 명성과 관계를 맺고 있다. 우리들 모두는 사랑의 존중감을 필요로 하지만, 뛰어난 수행능력을 보이는 사람들의 눈에서 시기를 보게 된다면 그것은 참으로 속이 텅 빈 승리이다. 그런 승자에게 실제적인 존경은 없다. 다만 소외감과 외로움이 있을 뿐이다.

　창세기 30장의 라헬과 레아의 이야기는 여성들에게 영향을 미치는 특별한 유혹을 보여준다. 두 자매는 그것이 아이가 되었든 한 움큼의 꽃다발이 되었든 간에 자신이 인정받고 안전하게 되는 데 필요하다면 그것을 쟁취하려고 서로 경쟁하였다. 불안에 대한 뿌리는 레아의 "기쁘도다 모든 딸들이 나를 기쁜 자라 하리로다"라는 말에서, 혹은 라헬의 "내가 형과 크게 경쟁하여 이기었다"라는 언급에서 잘 드러나 있다.

이 구절은, 시기심이 많은 여성은 다른 사람이 가진 것을 소유하려 하고, 성취를 통해 안전을 얻고 인정받음의 권위를 얻으려 한다는 결론을 얻게 한다. 여성들 사이의 또 다른 약점은 건강과 아름다움에 관계된 것이다. 여성들은 잔인할 정도로 모든 문화권에서 미의 이미지에 합당할 것을 요구받고 있다.

인간의 악한 시기심을 보여주는 성경적 예를 두 가지 더 검토해 보자.

#01 스스로를 리더들과 비교할 때 시기심을 느낀다

이스라엘의 아이들은 모세와 아론을 부러워했다.
"저희가 미구에 그 행사를 잊어버리며 그 가르침을 기다리지 아니하고 광야에서 욕심을 크게 발하여 사막에서 하나님을 시험하였도다 여호와께서 저희의 요구한 것을 주셨을지라도 그 영혼을 파리하게 하셨도다 저희가 진에서 모세와 여호와의 성도 아론을 질투하매 땅이 갈라져 다단을 삼키며 아비람의 당을 덮었으며"(시 106:13~17).

우리는 리더들에게 주어진

특권에 대해 너무 쉽게 화를 낸다. 우리는 오랫동안 하나님의 일을 하며 지불해왔던 대가를 보지 못한다. 모세는 태어난 지 얼마 안 된 아기 때 그 대가를 지불하기 시작했다. 그는 바구니에 담긴 채 나일 강으로 떠내려갔다. 그의 위치에 화를 내는 사람들은 그런 위험 속에서 삶을 시작하지 않았다. 오로지 만물을 측량하시는 하나님만이 그들을 판단하신다.

#02 하나님이 사용하고 있는 사람과 비교할 때 시기심을 느낀다

종교지도자들이 왜 예수님을 죽였는지 아는가? 빌라도는 종교지도자들이 예수님을 죽이고 싶어한다는 것을 직감적으로 알았다. 그래서 그는 그들에게 바라바와 예수님 중 한 사람을 선택할 기회를 주었다. 바라바는 종교지도자들이 유죄라고 인정한 악인의 전형적인 인물이었고, 예수님은 그들이 지지해왔던 모든 것을 대표하는 분이었다.

"저희가 모였을 때에 빌라도가 물어 가로되 너희는 내가 누구를 너희에게 놓아주기를 원하느냐 바라바냐 그리스도라 하는 예수냐 하니 이는 저가 그들의 시기로 예수를 넘겨준 줄 앎이러라"(마 27:17~18).

당신은 어떻게 생각하는가? 우리 모두에게는 유혹이 있게 마련이다. 솔직한 기도로 하늘의 아버지를 바라보고 그의 자비와 용서를 구하라. 죄를 계속 저지르는 사람들에게는 끔찍한 결과가 있다. 다른 사람에게 하려던 저주가 당신 자신에게 돌아올 것이며, 자신을 위해 하려던 축복이 다른 사람들에게 돌아갈 것이다.

에스더서의 하만과 모르드개의 이야기를 기억하는가? 하만은 히틀러의 조상이라고 할 수 있다. 그는 유대인에게 충분히 존경받지 못했다는 것 때문에 유대인들을 말살하려는 계획을 세웠다. 그러나 무슨 일이 일어났는가? 그의 명예는 모르드개에게 돌아갔고, 그의 가정은 파멸되었다. 적을 위해 준비했던 교수대에서 자신이 목숨을 잃었다.

에스겔 35장 11절은 유사한 심판을 언급하고 있다.
"그러므로 나 주 여호와가 말하노라 내가 나의 삶을 두고 맹세하노니 네가 그들을 미워하여 노하며 질투한 대로 내게 네게 행하여 너를 국문할 때에 그들도 나를 알게 하리라"(겔 35:11).
그렇다면 '내 마음의 시기심을 어떻게 다루어야 하는가?' 시기심의 네 가지 근원을 살펴봄으로써 그 방법을 찾는 데 도움을 얻을 수 있을 것이다.

1. 시기심의 근원은?

#01 왜곡된 자아상 때문

당신이 예수님께 얼마나 아름답고 가치있는 존재인지 아는가? 우리는 비슷한 틀 속으로 우리를 끼워 맞추는 성취 지향적인 세상 속에서 살고 있다. 우리의 지위나 외모, 재산 등이 다른 사람들과 어느 정도 비슷해야 한다. 그렇지 않으면 거절을 당한다. 물길을 거슬러 오르는 연어처럼, 가난하고 지친 아이처럼 우리는 다른 사람들을 지배하려고 애쓴다.

그러나 예수님의 나라는 그와는 다르다. 당신의 가치와 아름다움의 기초는 실제 당신 안의 독특한 성향에 있다. 업무에서의 성취 능력이 아닌 당신의 존재 안에 있는 것이다. 당신은 '아주 훌륭하게 지어졌기 때문에' 다른 사람을 부러워할 필요가 없다.

당신은 하나님이 지으신 창조물이다. 이전에도 당신 같은 사람은 없었고, 이후에도 다시는 있을 수 없다. 당신의 독특함을 즐기며 하나님의 사랑 안에 안전하게 거하라. 당신만이 당신의 독특한 운명과 사역을 성취할 수 있다. 우리는 당신이 필요하다.

#02 과장된 자존감 때문

야고보서 3장 14절은 "그러나 너희 마음 속에 독한 시기와 다툼이 있으면 자랑하지 말라 진리를 거스려 거짓하지 말라"고 말씀하고 있다. 겸손함은 실제 있는 그대로의 우리를 보게 하는 것이다. 우리는 살 만한 가치도 없다. 우리가 오늘 숨쉬고 있을 수 있는 것은 하나님의 자비하심으로 인한 것이기에 하나님께 감사해야 한다. 시기는 종종 자기 의로움에 뿌리를 두고 있다. 십자가로 다시 돌아가서 "하나님의 능하신 손 아래서 겸손하자"(벧전 5:6).

#03 공의의 하나님에 대한 잘못된 상 때문

하나님은 항상 공의로우신가? 물론이다. 그러면 우리는 왜 누군가 하나님께 복을 받을 때 있는 모습 그대로 받아들이지 못하는가? 우리는 자신의 삶속에서 하나님의 자비하심을 보지 못하고, 우리 자신이 특별하다는 사실을 인정하지 못한다. 하늘에 계신 아버지를 믿어라. 그가 이미 당신에게 최선의 것을 주셨다.

왜 우리는 다른 여성이 아기를 갖게 되거나 이웃이 더 아름다운 새 집으로 이사를 가게 되었을 때 의기소침해 지는 것일까? 다른 사람들의 사역이 대단한 성공을 거두게 되었을 때, 왜 다른 영적 지도자들은 용기를 얻지 못하고 오히려 용기를 잃게 되는가? 우리는 다른 사람들의 복은 그들을 향한 하나님의 위대한 사랑의 표출이라고 무의식 중에 믿는다. 시편 49편 16절은 "사람이 치부하여 그 집 영광이 더할 때에 너는 두려워 말지어다"라고 말씀하고 있다.

이들 네 가지 근원은 각각 어떤 식으로든 하나님이나 우리 자신에 대한 진실을 왜곡시킨다. 우리는 정직하게 우리의 필요를 바라보고 하나님의 사랑의 마음을 느낄 수 있도록 간구해야 한다.

당신과 마찬가지로 나도 시기심으로 마음이 아팠고, 그것을 극복하기 위해 투쟁해왔다. 내게 유일한 희망은 예수님이었다. 매일 나의 약함을 인정할 때 그의 능력이 내 안에서 완전해진다. 나는 아무것도 아니지만 그분은 모든 것이다. 이 세상에서 가장 든든하고 위대하신 분이 내 안에 거하신다. 바울 사도의 "이제는 내가 산 것이 아니요 내 안에 그리스도께서 사신 것이라"(갈 2:20)는 고백은 얼마나 훌륭한 신앙고백인가.

2. 시기심에 대처하는 법

우리가 다른 사람들에게 가지는 시기심에 어떻게 현명하게 대처할 수 있을까? 여기에 대해 나는 여러분에게 다섯 가지를 제안한다.

1. 현명하지 못한 대화를 통해 시기심을 불러일으키지 말라. "자랑하거 니 다른 사람에게 도전하거나 그들을 부러워하지 말자."
2. 상대방이 당신에게 얼마나 가치 있는 존재이고 필요한 사람인지 고백함으로써 그들에게 호의를 베풀어라.
3. 증오하거나 파괴적인 주장을 하는 사람들을 멀리하라. 성경은 "이 같은 자들에게서 네가 돌아서라"(딤후 3:1~5)고 말하고 있다.
4. 두려워 말라. 시편 27편 1절은 "여호와는 나의 구원이니 내가 누구를 두려워하리요?"라고 말씀하고 있다.
5. 당신을 저주하는 사람들을 축복하라. 불안정함과 자만으로 우리와 그의 관계를 틀어지게 하고, 시기심을 나타내는 사람들을 축복하라.

4 "나를 용서할 수 없어요"

멜로디 그린

우리는 후회할 만한 일들을 끊임없이 저지른다. 실수를 인정하고 나서 그것들을 되돌릴 수 있는 경우도 있지만 때로는 되돌릴 수 없을 때도 많다. 물은 이미 엎질러졌지만, 그 일에 대한 안타까움과 죄의식이 되살아나서 '그랬으면 좋았을 텐데' 하는 생각에 사로잡히기도 한다. 때로 절망의 구렁 속에 빠지기도 하고, 죄의 무게에 눌려 생명이 꺾이는 듯한 지경에 놓이기도 한다.

크리스천들은 예수님의 용서함을 알면서도 때로 다른 진실을 받아들이기도 한다. 예수님의 죄사함이 과연 우리에게 실제로 적용될 것인지 끈질기게 의심하는 것이다. 죄책감은 하나님에게서 오는 것인가, 아니면 마귀에게서 오는 것인가? 당신은 진실로 용서를 받았는가, 아니면 그저 스스로를 속이고 있는가?

아마 당신은 계속되는 잘못된 태도와 행동으로 인해 고통 속에서 싸우고 있을지도 모른다. 혹은 당신이 처한 상황이 너무 끔찍할 정도로 고통스러워 '하나님이 나를 용서하셨을지라도 나는 결코 나 자신을 용서할 수 없어' 라고 생각할지도 모른다. 익명으로 내게 도착한 다음의 편지는 이러한 번민들을 말해주고 있다.

임신했다는 것을 알게 되었습니다. 나는 18살이었고, 학교 졸업을 2달 남겨두고 있었습니다. 남자친구는 나처럼 타락한 크리스천이 없고, 우리는 가족과 친구들이 이 문제를 알게 되기를 원하지 않았기 때문에 낙태를 했습니다. 낙태 후 나는 비탄에 빠지게 되었고 괴로워하며 많이 울었습니다. 그 결정을 얼마나 후회했는지 모릅니다. 오늘도 저는 여전히 무릎을 꿇고 울고 있습니다. 내가 잘못했다는 것을 알기 때문에 주님께 사랑의 용서를 구하면서요.

나는 하나님이 나에게 두 번째의 기회를 주실 것인지 의심하면서, 수많은 생각들과 싸우고 있습니다. 그분은 사랑의 하나님이라는 것을 믿습니다. 그러나 여전히 나는 죄로 가득한 마음을 품고 있습니다. 하나님이 나를 버리실 것 같습니다. 나는 과거의 악몽 때문에 너무나 낙심하고 있습니다. 하나님이 나를 용서하셨을까요? 그분이 그러셨으리라 믿지만, 나의 죄가 너무 크다고 생각합니다.

당신은 하나님의 용서하심을 구하기엔 당신의 죄가 너무 크고 끔찍하다고 생각할지 모른다. 그래서 당신에게 희망이 없다고 생각할 수도 있다. 물론 내가 말하려는 것은 낙태에 대한 것이 아니다. 우리 마음에 새겨진 죄의 상처와 흔적이 남긴 많은 일들에 대한 것이다.

우리들 중 일부는 우상숭배, 간음, 동성애, 매춘, 약물 남용 등과 같은 과거에 있었던 일들로 인해 괴로움을 느끼고 있다. 아마도 당신은 강간, 학대, 근친상간 등의 범죄를 저질렀을지도 모른다. 또 도둑이거나 깡패의 일원, 약물 중독자나 살인자일지도 모른다. 어쩌면 이혼을 했거나 이혼한 부모로 인해 많은 괴로움을 겪었을 수도 있다.

언어 폭력으로 다른 사람들을 정서적으로 괴롭혔거나 육체적인 학대로 가족이나 주변 사람들에게 상처를 주었을지도 모른다. 또 어떤 사람들은 다른 사람들의 잘못된 선택을 받아들였기 때문에 잘못된 죄책감과 비난을 받고 있을지도 모른다. 조심성 없고, 이기적인 사람일 수 있고, 불순종하고 하나님을 떠나 있을 수도 있다. 돌이킬 수 없는 해를 준 사람도 있을 것이다.

그러나 지금 당신은 이미 일어난 일을 돌이킬 수는 없다. 그로 인해 상처를 갖고 있는 사람들도 있을 것이고, 아마도 인생을 잃어버린 사람도 있을 것이다. 어쩌면 당신의 문제는 위에서 언급된 것처럼 그렇게 파괴적인 것이 아닐 수도 있다. 그러나 당신 역시 낙심과 패배감

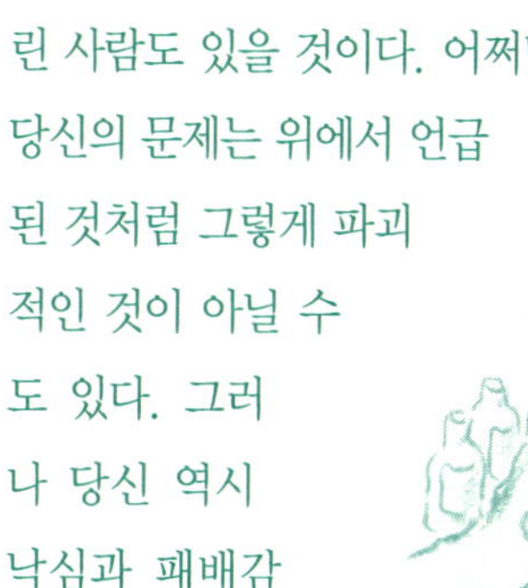

에 빠진 채 똑같이 살고 있다. 당신의 상황이 어떠하든지 간에 당신
이 죄책감에 눌려 있다면 먼저 예수님의 용서함을 알아야 한다.

1. 놀라운 은혜

'스스로를 용서하는' 행동은 하나님의 용서하심을 얻은 이후에야
가치있는 것이다. 사람들이 스스로를 용서할 수 없는 첫 번째 이유
는 하나님이 당신을 용서하지 않았기 때문이다. 그리고 하나님이
당신을 용서하지 않았다면 그것은 당신의 죄를 그분께 맡기지 않았
기 때문이다. 예수 그리스도는 진실로 죄로부터 당신의 마음을 깨
끗하게 하실 수 있는 유일한 분이다.

　"그가 우리를 흑암의 권세에서 건져내사 그의 사랑의 아들의 나
라로 옮기셨으니 그 아들 안에서 우리가 구
속 곧 죄사함을 얻었도다"(골 1:13~14)라고
성경은 말씀하고 있다. 성경은 이러한 진리
로 가득하다.

　겸손함으로 하나님의 은혜의 보좌 앞에 나
아가는 것은 용서를 받기 위한 첫 걸음이다.
단지 '앞으로 나아가서 기도를 하는 것' 만이
아니라, 당신 자신의 죄를 인정하고 전심으

로 하나님의 마음을 상하게 했던 그 죄에서 돌이키는 것이다.

그것은 당신의 인생을 완전히 조정할 수 있도록 하나님께 드리는 것이다. 이제 더 이상 당신은 자신의 주인이 아니다. 당신의 주인은 하나님이시다. 하나님은 당신과의 친밀하고 깊은 관계를 갈망하시며, 당신이 오기를 기다리고 계신다. 당신은 자신의 죄에 대한 일시적인 치유를 찾을 수는 있지만, 예수 그리스도로부터 멀어진다면 내면의 평화와 치유는 오래 지속되지 못한다.

하나님의 눈으로 볼 때 죄악으로 가득찬 우리가 어떻게 용서될 수 있는지 참으로 놀라운 일이다. 그런데도 용서하시는 것은 그분이 우리에게 주시는 은혜이며 기적이다. 우리는 우리가 받을 만하지 못한 것, 즉 우리에게 은혜로 주어지는 용서함을 받는다. 그분은 우리에게 아무 것도 빚진 것이 없지만, 우리는 그분께 모든 것을 빚진 것이다. 그분은 우리에게 모든 것을 주셨다.

많은 사람들이 이미 하나님에 대해 상당한 지식을 가지고 있다. 정기적으로 교회에 출석하고 있을지도 모른다. 그러나 자신을 용서하지 못하고 있는 이들에게 그것은 단지 종교일 뿐 하나님과의 관계가 아니다. 예수님은 외형적인 경건함으로 존경을 받은 분이 아니었다, 그분은 우리의 마음 구석구석을 모두 보고 계신다.

그러므로 당신의 전 인생을 그분께 내려놓지 않은 채 당신 인생의 특정한 영역에서만 용서를 구하려고 하지 말라. 우리는 십자가에 우리의 죄만 던져버릴 수는 없다. 우리는 그 십자가에 우리 자신을 내려놓아야 한다. 하나님의 은혜는 깨끗하지 못한 부분만을 덮어버리는 눈가리개가 아니다. 완벽한 깨끗함이 먼저 필요하다. 그리고 나서 예수님께 당신의 삶을 전적으로 드림으로 은혜를 받을 수 있다.

너무 끔찍해서 하나님께 용서를 구할 수 없다고 생각하는 그런 죄가 있는가? 하나님처럼 죄가 없는 유일한 분이 있는데, 그분은 하나님의 아들 예수님이다. 그분과의 사랑의 관계 속에서 살아가기를 거절하는 것은 하나님의 용서 속으로 들어가는 것뿐 아니라 그분과의 영원한 삶으로 들어가는 것도 막는 것이다. 하나님과 사람에게 저지른 모든 것들은 일단 예수님의 보혈 아래 놓이기만 하면 용서받을 수 있다.

하나님 혹은 악마

많은 사람들에게 있어 문제는 하나님을 모른다는 것이 아니다. 우리는 그분을 알고 있다. 우리는 그분을 사랑하고 그분처럼 되기 위해 끊임없이 노력하고 있다. 다윗 왕이 "동이 서에서 먼 것 같이 우

리 죄과를 우리에게서 멀리 옮기셨으며"(시 103:12)라고 말했을 때, 그가 간음과 살인 죄를 언급하고 있다는 것을 알고 있을지라도, 그것이 우리에게 어떤 부분에서 용서받았다는 느낌을 주는 것은 아니다.

십자가 앞에 갔는데도 여전히 죄책감을 느끼고 있다면, 우리를 추궁하고 있는 것은 틀림없이 사단일 것이다. 사단이 좋아하는 전술 중 하나는 당신의 과거 죄들과 실패를 기억나게 하는 것이다. 실제로 사단은 종교적인 어조로 하나님이 용서하신 것에 대해 의문을 품게 만든다. 우리의 과거가 완전히 용서받지 못했다는 생각을 갖게 한다. 또 우리가 질이 낮은 크리스천이라고 자책하게 만든다. 즉 하나님께 귀하게 사용될 가치가 없으며, 그저 구원받은 것으로 만족해야 한다는 생각을 갖게 만드는 것이다.

물론 우리는 누구나 하나님의 은혜를 받을 만하지 않다는 것을 기억하는 것이 바람직하다. 우리는 계속해서 교만과 우리 자신의 선행에 대해 경계할 필요가 있다. 그러나 나는 여기서 하나님의 위대함과 그분 앞에서 우리가 아무 것도 아닌 작은 존재라는 사실을 우리가 알고 있어야 한다는 것을 말하려는 것이 아니다. 우리를 위로 향하게 하는 대신 아래로 끌어내리고, 평화 대신 죄로 채우고, 자유 대신 속박을 주는 적의 침략에 대해 말하고 있는 것이다.

죄의 깨달음 VS. 비난

때로 우리는 누가 우리에게 말하고 있는지 확신하지 못할 때가 있다. 만일 그분이 하나님이라면 우리는 거부하지 않는다. 그렇기 때문에 하나님의 음성을 가장한 적이 침범해서 혼란스럽게 하지 않도록 주의를 기울여야 한다. 누가 말하고 있는지, 무엇을 말하고 있는지, 그리고 그 뒤에 숨은 동기가 무엇인지 살펴보자.

●누가 : 우선 당신의 느낌을 명확히 하라. 몇 가지 문장으로 그것을 요약해서 스스로에게나 친구에게 큰 소리로 말해보라. 그것이 하나님의 음성처럼 들리는가? 그것이 그분의 성품에 적합한가? 그것이 죄의 영역에 있는가? 그것이 성경에 씌어져 있는가?

●무엇을 : 하나님의 말씀은 항상 분명하다. 그분은 "너는 방금 거짓말을 했어"나 "나는 네가 가정에 더 책임감을 갖기를 원한다"처럼 당신이 명확하게 알도록 말씀하신다. 반면에 비난은 보통 본질적으로 더 일반적이다. 적은 "너는 형편없는 크리스천이야", "너는

왜 포기하지 않니?", 혹은 "하나님은 그것 때문에 결코 너를 용서하
지 않으실 거야"와 같은 말을 한다.

　이렇게 되면 당신이 위선자라는 느낌을 받을지도 모른다. 그럴
때에는 그저 "주여, 그것이 당신께서 주시는 말씀이라면, 내가 말
한 것이나 행동한 것을 정확하게 보여주셔서 내가 그것을 올바르게
할 수 있도록 하소서"라고 기도하라. 주께서 말씀하셨고, 당신이
바르게 하려는 마음을 갖고 있다면, 그분이 당신에게 말할 것이라
고 확신한다.

●왜 : 아이들을 가르칠 때 나는 그들을 훈련시켜야 하기 때문에
명확한 태도를 취한다. 나는 그들이 다음에는 더 나은 행동을 하도
록 배우기를 원한다. 그들이 패배의식으로 실망하는 것이 아니라
건강하게 성장하기를 원한다. 만약 내가 딸을 때린다면 "엄마는 네
가 동생을 때렸기 때문에 너를 때리는 거야" 라고 말할
것이다. 나는 결코 아이를 붙들고 "네가
내 딸로서 제대로 하고 있지 않기 때문
에 이런 처벌이 있는 거야. 넌 아무 것
도 할 수 없어. 결코 바르게 성장하
지 못할 거야"라고 말하지는 않을
것이다.

하나님은 우리에게 자주 어려운 말씀을 하신다. 그분의 훈련은 상처를 주기도 하지만, 그분의 동기는 항상 사랑에서 시작된다. 외과 의사는 조심스럽게 암을 잘라내지만, 강도는 골목길에서 닥치는 대로 사람을 후려친다. 의사는 치유할 목적으로 칼을 사용하지만 강도는 파괴하기 위해 사용한다.

하나님이 죄를 깨닫게 하는 목적은 우리를 그분께로 더 가까이 인도하기 위함이다. 그리하여 우리의 삶이 더 많은 열매를 맺을 수 있도록 하기 위함이다. 사단의 비난은 우리를 하나님으로부터 멀어지게 해서 열매 없고 희망도 없는 존재로 몰아가기 위한 것이라는 사실을 기억하라. 사단은 우리가 포기하기를 원하지만, 하나님은 우리가 발전하기를 원하신다.

2. 두가지 모범

당신과 똑같은 상황에 있는 누군가가 당신에게 상담을 해온다면 당신은 그들에게 어떤 조언을 하겠는가? 당신 자신이 하나님의 용서하심을 확신하는 것보다 상대방이 그것을 믿도록 만드는 것이 더 쉽지 않은가? 아마 당신은 다른 사람들에게 말하는 것보다 스스로 믿는 것을 더 어려워할 것이다.

하나님은 사람을 차별대우하는 분이 아니라는 것을 기억하라. 누군가에게는 이것을 믿게 하고, 또 다른 이에게는 저것을 믿게 하는 것은 모순된 것이다. 믿음은 진리에 근거한 것이 아니라 느낌에 근거한 것처럼 보인다. 때때로 내가 그 느낌에서 멀어져 있을 때, 나는 스스로에게 상처 입고 실망해서 용서를 받아들이는 것이 어렵다고 느끼게 된다.

그러나 그 상태의 누군가가 내게 상담을 청해온다면, 나는 그 사람에게 성경의 진리 위에 서 있으라고 말할 것이다. 하나님의 용서를 받아들이는 것은 겸손한 것이다. 야고보는 "하나님이 교만한 자를 물리치시고 겸손한 자에게 은혜를 주신다"고 말했다. 우리가 받을 만하지 않다고 알고 있는 어떤 것을 받아들이게 되었을 때, 우리는 교만을 버리게 된다. 만약 하나님이 우리를 용서 하셨고 그것을 우리가 받아들인다면, 우리는 그분 앞에 스스로를 내려놓게 된다. 다른 사람에게 그렇게 자유를 주었던 똑같은 진리와 사랑을 자신의 삶에서도 배워야 하는 것이다.

용서는 받았으나 믿지 않은 사람은 다음에 나오는 아이와 같다. 네 살 난 아들은 방금 엄마의 진주 귀걸이를 애완용 개구리와 함께 화장실 변기에 넣은 채 물을 내렸다. 아들은 눈물을 흘리며 회개했고, 엄마는 그를 용서했다. 그러나 아들은 그가 한 행동이 너무 나쁘다고 느껴져서 저녁을 먹지 않았고, 다음 날 아침에 "엄마, 엄마가 아직도 내게 화가 나있으니까 오늘 밥을 먹지 않을게요"라고 말했다.

이제 그의 부모들이 화가 나 있지 않다는 것을 그에게 어떻게 확신시킬 수 있겠는가? 그 아들이 당신의 아들이라면 당신은 그가 용서받았다는 것을 확신시키기 위해 어떤 일을 할 것이다. 당신은 아마 다른 어떤 것보다 당신에게 그가 더 소중한 존재라는 것을 그에게 얘기할 것이다. 어쩌면 당신은 그가 병이 들기 전에 제발 먹으라고 간청하며 마음 아파하며 절망할지도 모른다.

그 아들처럼 당신이 하나님의 용서를 받아들이지 않는다면 당신은 영적으로 병이 들게 될 것이다. 또 크리스천으로서 인생은 고통을 겪게 될 것이다. 주님 앞에서 자신감의 결여는 당신이 용서받았다는 사실을 변화시킬 수는 없지만, 예수 안에서 당신이 자유와 승리를 성취하는 것을 방해한다.

당신은 이제껏 분노나 이기심, 교만함, 무책임, 인내하지 못함과 미성숙, 불안, 공포 등을 회개해왔다. 당신은 그분이 "너 또? 또 다른 죄를? 너는 변할 것이라고 말했지만 그러지 않았다. 너에게 더 이상 용서는 없어" 하고 말하리라 생각하면서 하나님 앞에 나아간다. 당신이 자책할 때 다른 사람들이 당신을 그렇게 대했을지 모른다. 그러나 하나님은 그렇지 않다.

때로 우리는 기독교에 대해 잘못된 개념을 가지는 경우가 많다. 일단 우리가 주 안에서 성숙해지면, 모든 갈등과 투쟁은 끝날 것이라고 생각한다. 그러나 그런 일은 이곳이 아니라 천국에서 일어나는 것이다. 하나님은 우리를 아름답게 조율하고 계신다. 그분은 그의 형상을 더 잘 드러내도록 우리의 성품을 갈고 닦아 형태를 만들고 계신다.

더 쉬운 방법이 있다는 생각을 멈추어라. 인생은 종종 매우 어려운 것이며, 예수님과 함께 걸어가고 있을 때라도 힘들다는 것을 인정해야 한다. 만약 실패를 성장의 기회로 생각한다면, 당신은 그렇게 할 수 있다. 당신이 쓰러진다면 스스로를 일으켜 세워서 먼지를 털어내고 말 위에 다시 올라타라. "의인은 일곱 번 넘어질지라도 다시 일어나려니와"(잠 24:16)라고 했다.

다시 쓰러지는 것이 두려운가? 당신의 눈을 예수님께 고정하라. "능히 너희를 보호하사 거침이 없게 하시고 너희로 그 영광 앞에 흠이 없이 즐거움으로 서게 하실 자"(유 1:24)라고 하지 않았는가? 당신은 훈련 중에 있다. 기억하고 있는가? 당신이 쓰러지면 스스로를 하나님의 자비하심에 맡기고 그가 주시는 힘으로 다시 시도하라. 그러면 하나님의 자비가 당신을 책임질 것이다.

3. 나는 정말로 회개했는가?

회개는 마음의 변화이다. 죄와 연결되어 있는 마음의 변화 말이다. 그것은 그저 '잘못했어'라고 말하는 것 이상이다. "되돌릴 수만 있다면 그렇게 하지 않을 거야. 하나님의 영광을 드러낼 거야"라고 정직하게 말하는 것이다. 그것이 바로 회개이다. "내 이름으로 일컫는 내 백성이 그 악한 길에서 떠나 스스로 겸비하고 기도하여 내

얼굴을 구하면 내가 하늘에서 듣고 그 죄를 사하고"(대하 7:14)라는 말씀을 보라.

당신이 대량 학살자이든 그저 평범한 사람이든 간에 하나님께 나가야 한다. 일단 당신이 하나님께 당신의 삶을 드렸다면, 그리고 비신앙적인 것에서 얼굴을 돌렸다면, 당신이 용서받았다고 느끼든 느끼지 못했든 간에 그분의 용서를 확신해야 한다. 당신이 여전히 용서받았다는 것에 대한 감정을 느낄 수 없다면, 하나님께 당신이 무엇을 하기 원하시는지 여쭤 보라.

이런 경우 당신이 용서해야 할 사람이나 용서를 청해야 할 사람이 있을 수 있다. 만약 당신이 도서관에서 책을 훔쳤다면 당신 책장에 그 책이 있는 한 평안을 누릴 수는 없을 것이다. 당신은 누군가에게 돌려주어야 할 것이 있는가? 주님께 해결되지 않은 채 방치되어 있는 것을 보여달라고 간구하라.

잘못된 선택 중에 많은 부분이 우리에게 달갑지 않은 결과로 남아 있을지라도, 이것이 우리가 용서받지 못했다는 사실과 연결되는 것은 아니다. 우리들 중 몇몇은 감옥에 갇혀 있다. 핵심은 감사함으로 나아가는 것이다. 당신의 구원과, 하나님이 당신에게 행한 모든 선한 일들에 대해 감사하라. 예수님은 이전에 창녀였던 사람을 지적하며 '많은 빚에 대해 용서받은 사람이 그분을 많이 사랑할 것'이라고 말씀하셨다. 이 얼마나 놀라운 소망의 약속인가!

하나님은 공정하시다. 당신이 어려운 환경 속에 살아야 한다면, 그분은 일반 사람들이 결코 알지 못하는 방식으로 당신에게 보상하실 것이다. 하나님과 함께하는 가장 깊은 시간들은 불을 통해 연단되는 동안에 다가온다. 우리는 상처로 인해 더 견디기 어렵고 쓰라릴 수 있지만, 또한 하나님과 더 가까워질 수 있고, 그분이 우리 마음속의 동정심의 병을 깨뜨리도록 할 수도 있다.

우리는 하나님께서 우리에게 주신 위로를 통해서 우리가 겪었던 것과 비슷한 처지에 있는 사람들을 위로할 수 있다. 우리는 하나님의 은혜를 다른 사람의 상처를 치료하는 치료제로 새롭게 이해할 수 있다. 하나님은 우리가 그것을 사용하기 원하신다.

새로운 창조물이 되는 것은 그저 우리가 스스로에 대해 더 긍정적인 방식으로 느끼도록 돕기 위해 하나님이 오셨다는 동화같은 이야기가 아니다. 그것은 영적인 진리이다. 또 성경은 거짓이 아니다. 바울은 "그런즉 누구든지 그리스도 안에 있으면 새로운 피조물이라 이전 것은 지나갔으니 보라 새 것이 되었도다"(고후 5:17)라고 말했다.

당신이 예수께 나아오면 어떤 초자연적인 것이 일어나 당신은 새로운 사람이 된다. 똑같은 육체를 가지고 있고, 죄를 지을 때 입었던 똑같은 옷을 입고 있을지라도 당신은 달라졌다. 당신은 새로운 창조물이 된 것이다. 에스겔에서 "맑은 물로 너희에게 뿌려서 너희로 정결케 하되"라고 말씀하셨다. 그분은 당신이 깨끗해질지 모른다거나 깨끗해지기를 희망한다고 말하지 않고 '너는 깨끗해질 것이다' 라고 말한다.

이 말씀을 다시 보라.

"너희 모든 더러운 것에서와 모든 우상을 섬김에서 너희를 정결케 할 것이며 또 새 영을 너희 속에 두고 새 마음을 너희에게 주되 너희 육신에서 굳은 마음을 제하고 부드러운 마음을 줄 것이며 또 내 신을 너희 속에 두어 너희로 내 율례를 행하게 하리니 너희가 내 규례를 지켜 행할지라"(겔 36:25~27).

하나님은 우리에게 새로운 마음과 영을 주셨다. 이제 그 새로움 안에서 걸어가야 한다.

"그러므로 우리가 그의 죽으심과 합하여 세례를 받음으로 그와 함께 장사되었나니 이는 아버지의 영광으로 말미암아 그리스도를 죽은 자 가운데서 살리심과 같이 우리로 또한 새 생명 가운데서 행하게 하려 함이니라 우리가 알거니와 우리 옛사람이 예수와 함께 십자가에 못박힌 것은 죄의 몸이 멸하여 다시는 우리가 죄에게 종 노릇하지 아니하려 함이니 이는 죽은 자가 죄에서 벗어나 의롭다하심을 얻었음이라"(롬 6:4, 6-7).

당신은 새로운 창조물이다

새로운 삶 안에서 걸어가는 것은 그 새로움을 받아들이고 거절하지 않도록 우리의 생각을 훈련하는 것과 연결되어 있다. 최근에 어떤 사람이 "나는 그리스도 안에서 새롭게 되었다. 나는 새 마음과 새 영을 얻었다. 나의 유일한 문제는 내가 옛 생각을 가지고 있다는 것이다"라고 말하는 것을 들었다.

우리 마음에는 전쟁이 있기 때문에 계속적으로 낡은 옛 것에 하나님이 부어주시는 진리를 적용할 필요가 있다. 그것은 일회적인 것이 아니기 때문에 부지런히 적용해야 한다. 그것이 바로 "옛사람을 벗어버리고 … 오직 심령으로 새롭게 되어"(엡 4:22~23)라는 말씀을 이루는 길이다. 이제 당신이 생각하고 있는 행동과 훈련을 위해 마음을 새롭게 하라. 이에 대해 성경에서 "육신의 생각은 사망이요 영의 생각은 생명과 평안이니라"(롬 8:6)고 했다. 다음은 당

신의 마음을 새롭게 하기 위한 몇 가지 실
제적인 단계들이다.

첫째, 진리를 말하라

자기 존중은 오늘
날 일반적인 주제이
다. 세상은 '스스로
에 대해 자신감을 가져라' 고 말한다. 이것은 성경의 말씀과는 반대
되는 것이다. 반면에 '자신을 초라하게 여겨라' 라는 것도 그리스도
인들의 바른 태도가 아니다. 그런데 많은 사람들이 그것을 성경적
인 겸손함으로 믿으면서 자신을 끊임없이 격하시킨다. 그러나 이것
은 잘못된 것이다. 우리는 하나님의 눈으로 우리 자신을 보아야 하
고 우리 자신에 대해 정직해야 한다. 선과 악을 인식하고 있는 우리
자신에 대해 말이다. 우리가 진실로 정직할 때 우리는 하나님 앞에
겸손하지 않을 수 없다.

둘째, 진리를 생각하라

"무엇에든지 참되며 무엇에든지 경건하며 무엇에든지 옳으며 무엇
에든지 정결하며 무엇에든지 사랑할 만하며 무엇에든지 칭찬할 만

하며 무슨 덕이 있든지 무슨 기림이 있든지 이것을 생각하라"(빌 4:8). 당신에 대한 용서, 예수 그리스도 안에서의 능력과 새로운 마음, 그리스도 안에서의 모든 부요함을 생각하며 주님이 당신께 주신 특별한 말씀을 묵상하라. 말씀을 침실 거울에 묶어두고 성경에서 그 말씀들에 밑줄을 치고 그것을 기억하라. 이것이 진리이며 "진리가 너희를 자유케 할지라"(요 8:32).

셋째, 진실된 삶을 살아라

"너희는 도를 행하는 자가 되고 듣기만 하여 자신을 속이는 자가 되지 말라"(약 1:22)고 말씀하셨다. 옛 감정과 욕망들에 불꽃이 일어나도록 부채질하지 말라. 만약 당신이 강한 욕망과 싸우기를 원하지 않는다면 유혹하는 움직임이 있는 곳으로 가지 말라. 당신이 텔레비전이나 책을 통해 받는 영향에 주의하라. 주님께서 당신의 삶을 다시 세우기 위해 당신에게 보이시는 단순한 것들을 실천하라. 그러면 당신은 다시는 주님의 마음을 아프게 하지도 않을 것이고 같은 죄 가운데 빠지지 않을 것이다. "하나님을 따라 의와 진리의 거룩함으로 지으심을 받은 새사람을 입으라"(엡 4:24).

하나님이 당신을 용서한 후 당신은 스스로를 용서해야 한다. 이것이 그리스도의 충만함 속으로 자유롭게 걸어가도록 할 것이다.

사단은 당신이 변화되지 않았다고 말하기를 좋아한다. 사단은 예수의 보혈이 죄를 깨끗하게 하는 데 소용이 없다고 말하지만, 이것은 거짓말이다. 일단 당신의 삶을 하나님께 드렸다면 그분의 피 아래 당신의 죄는 묻히는 것이고 당신은 용서받은 것이다.

만일 당신이 크리스천으로서의 삶에 어떤 즐거움을 느끼려 하고 있다면 이 진리를 믿어야 한다. 그것은 당신이 적의 사슬에 묶여 있지만, 예수님은 지금 당장 당신을 자유롭게 놓아주기를 원하신다는 사실이다. 다윗 왕처럼 "내 영혼을 옥에서 이끌어 내사 주의 이름을 감사케 하소서"라고 말하며 울부짖어라. 문은 넓게 열려 있다. 자신감을 갖고 그 문을 통과해 걸어가라. 홀로 어딘가를 헤매지 말고 이것을 큰 소리로 말하라. 그것은 당신 자신과 하나님과 사단에게 말하는 것이다.

나는 예전의 나와 다르다. 다시 그런 상황에 처한다면, 나는 그렇게 하지 않을 것이다. 단순하게 후회하는 것 이상이다. 그러므로 나는 하나님께서 나를 용서하신 것을 믿고 그것을 기뻐하며 살

것이다. 나는 나 자신과 하나님에 관한 진리를 말하고 생각할 것이다. 나는 사단의 거짓말을 거부한다. 그리고 나는 스스로를 용서한다.

이제 더 큰 소리로 말하라. 나 스스로를 용서한다는 아래의 문장에 당신의 이름을 넣어서 말하라. "나는 ○○○을(를) 용서한다!!" 이제 그분이 당신에게 준 새로운 출발에 대해 예수님께 감사하는 시간을 가져라.

모든 것들이 십자가에 단번에 못박혔다. 리스트를 적어놓지 말고 더 이상 그것을 검토하지 말라. 예수님은 당신의 삶 속에서 새로운 일을 하기 원하신다. 그분께 그것을 허락해야 한다. 당신의 삶과 일치되게 하고 기회를 붙잡고 앞에 놓인 것에 도전할 시간이다. 당신이 과거의 모습을 되풀이해서 보고 있다면 그 모든 것을 놓칠 것이다. 예수님은 당신을 사용하기 원하신다. 그분은 당신을 사랑하신다. 그리고 태초에 만든 당신의 모습으로 회복되고 자유롭게 된 당신을 보기 원하신다.

하나님의 능력과 지혜를 향해 나아가면서 뒤에 놓인 것을 잊고 앞을 바라보라. 예수님은 당신에게 미래를 주셨을 뿐 아니라 소망도 주셨다.

"나 여호와가 말하노라 너희를 향한 나의 생각은 내가 아나니 재앙이 아니라 곧 평안이요 너희 장래에 소망을 주려 하는 생각이라"(렘 29:11).

5 상처와 쓴 뿌리, 그것은 어디에서 시작하는가?

윙키 프레트니

삶 속에서 상처를 경험한 적이 있는가? 상처는 보편적인 문제이다. 오늘날 사회에서 상처를 받지 않은 사람을 발견한다는 것은 거의 불가능하다. 한 젊은 사람이 뉴욕의 공원에서 경악스러운 범죄를 저지른 적이 있었다. 어떤 노인이 신문을 보면서 공원 벤치에서 쉬고 있었는데, 16세의 소년이 큰 정육점 칼을 들고 와서는 130번이나 그를 찔렀다. 경찰이 그 소년을 시체에서 떼낼 때까지, 소년은 여전히 노인을 찌르고 있었다.

경찰관들은 그를 체포했고, 왜 소년이 그런 일을 했는지 밝혀내려고 노력했다. 오랜 시간 동안 소년은 그 일에 관해 말하지 않으려했다. 경찰이 그에게 "이봐, 이 사람이 누구지?" 하고 물었다.

"몰라요."

"음, 그가 너에게 무슨 일을 했지?"

"아무 짓도 안 했어요."

"그가 너에게 어떤 말을 했지?"

"아무 말도 하지 않았어요."

"그러면 너는 너에게 어떤 나쁜 일을 하지도 않았고, 어떤 말을 하지도 않은 사람을 죽였다는 거냐? 그것도 전혀 모르는 사람을?"

소년의 말을 믿지 못하겠다는 듯이 그들은 "왜 그랬지?" 하고 물었다. 소년은 "정말로 알고 싶으세요? 그럼 말하죠. 나는 형이 한 명 있어요. 진짜 똑똑하고 훌륭한 운동선수에요. 잘 생긴데다가 재능도 있고, 내가 갖지 못한 모든 것을 가지고 있죠. 엄마는 계속 제게 말씀하셨죠. 「넌 왜 형처럼 잘할 수가 없니?」 하구요. 난 알아요. 재능이나 영특함이나 그 밖의 어떤 것으로도 형의 명성을 따라갈 수 없다는 걸요. 내가 그런 식으로 유명해질 수 없다면, 다른 방식으로 유명해지겠다고 생각했어요. 그래서 내가 할 수 있는 가장 나쁜 일을 생각해냈고, 나가서 그 일을 했어요. 적어도 엄마는 지금쯤 나를 기억할 거에요." 이제 이 어린 소년의 상처 이야기는 선국에 퍼지게 되었다.

여덟 살 난 어린 여자아이가 내게 편지를 보냈다. 그녀는 내게 "날 도와줄 수 있나요? 아빠가 네 살 난 남동생의 사진을 가지고 다니는데, 동생은 아빠를 꼭 닮았어요. 아빠는 15살인 언니의 사진도 갖고 다니세요. 그런데 내 사진은 아빠 근처 어디에도 없어요. 아빠께 제 사진을 드렸어요. 나는 사진을 잘라서 지갑에 넣으면 딱 맞게 만들었어요. 그런데도 아빠는 그걸 책상 서랍에 넣어두셨어요. 아빠가 내 사진을 가지고 다닐 수 있게 하는 좋은 방법이 없을까요?"

매일 일어나는 실제적인

상처들이 있다. 때로 상처는 어린아이들에게도 일어나고, 나이든 사람들에게도 일어난다. 상처는 여러 가지 방식으로 일어나지만 그것들 모두가 실제로 상처가 된다. 상처는 오늘날 사회에서도 중요한 문제이다. 이 글을 읽고 있는 당신이 심한 상처를 받아서 스스로 그 감정에서 벗어나려고 노력하고 있을 수도 있다.

내가 만난 한 소녀는 이런 말을 했다. "나는 너무나 많이 상처를 받았어요. 다시는 어떤 사람도 사랑하지 않을 거예요. 다 잊을 거예요." 그렇게 상처로 인해 당신은 단단해지고 냉소적이 된다. 이것이 보통 사람들이 고통을 다루는 방법이다. 대부분의 사람들은 자신이 다치지 않기 위해 그저 뒤로 물러선다. 그러나 당신이 예수님 앞에 나오면 하나님은 당신의 마음을 치유하시고 당신의 삶에서 냉소적인 부분을 거두어가실 것이다. 그러면 당신은 다시 한번 다른 사람들을 향해 마음을 열고 사랑할 수 있다.

크리스천들도 역시 상처를 받을 수 있다. 예수님도 상처를 받았다. 상처를 받는 것이 잘못된 것은 아니지만 그것을 다루는 방법이 세상 사람들과 차이가 있는 것이다. 상처를 받는 것은 그 자체만으로도 큰 문제이다. 그러나 그 상처가 올바른 방식으로 조정되지 않는다면, 쓴 뿌리가 그 안에 자리잡을 것이다. 종국에 당신을 파괴하는 것은 상처가 아니라 쓴 뿌리이다.

　　쓴 뿌리가 마음에 자리잡고 있을 때 상처를 인식하는 것은 복잡하지 않다. 상처를 가진 사람의 특성 몇 가지를 생각해보자.

1. 그들은 다른 사람들에 대한 관심이 별로 없다. 쓴 뿌리가 있는 사람은 다른 누군가에게 거의 관심이 없다.

2. 그들은 매우 예민하고 다루기 어렵다. 쓴 뿌리가 있는 사람은 다른 두 사람이 이야기하고 있는 방으로 들어갔을 때, 그 사람들이 갑자기 조용해지면 '이들이 나에 대해 말하고 있었구나' 하고 생각한다.

3. 그들은 몇몇 친구들에게 소유욕을 갖고 있다. 그러나 실제로 가까운 친구는 거의 없다. 그들은 또한 친구를 잃어버리는 것에 대해 자연스럽지 못한 공포를 가지고 있다.

4. 그들은 새로운 사람을 만나는 것을 피하는 경향이 있다.

5. 그들은 모든 것에 거의 혹은 전혀 감사하지 않는다.

6. 그들은 보통 마음에 없는 칭찬이나 거친 비평의 말을 할 것이다.

7. 그들은 종종 오랫동안 사람들에 대해 못마땅한 감정을 지니고 있다. 그들은 용서하는 것이 극히 어렵다는 것을 발견한다.

8. 그들은 종종 고집스럽거나 샐쭉한 태도를 보인다.

9. 그들은 보통 다른 사람과 나누거나 돕는 것을 기꺼워하지 않는다.

10. 그들은 극단적인 기분을 경험한다. 한 순간에 고조되고 행복하고, 다음 순간 아주 느리게 바닥까지 다다른다.

쓴 뿌리 : 지옥의 씨앗

쓴 뿌리가 나쁜 것은 그것이 없어지지 않는다는 점 때문이다. 그것은 점점 더 나빠진다. 상처로 인한 작은 씨앗에서 출발하지만, 자라나서 위험할 정도로 괴롭힌다. "너희는 돌아보아 하나님 은혜에 이르지 못하는 자가 있는가 두려워하고 또 쓴 뿌리가 나서 괴롭게 하고 많은 사람이 이로 말미암아 더러움을 입을까 하고"(히 12:15)라는 말씀을 기억하고 있는가? 쓴 뿌리가 있는 사람은 쓴 뿌리가 있는 사람에게만 상처를 주는가? 그렇지 않다. 성경은 많은 사람들이 한 사람의 쓴 뿌리로 인해 상처받을 수 있다고 말씀하고 있다.

나는 일터 주변의 8, 9세 된 아이들에게, "아빠가 네가 밖에 있는 것에 대해 어떻게 생각하시니?" 하고 물은 적이 있었다. 아이들은 "아빠는 내가 밖에 나와 있는 것도 몰라요." 하고 말했다. 그래서 "그러면 너희 엄마는?" 하고 물었더니 그들은 "엄마는 상관없어요. 내가 집에 있든 나가 있든 엄마는 신경쓰지 않아요" 하고 말했나.

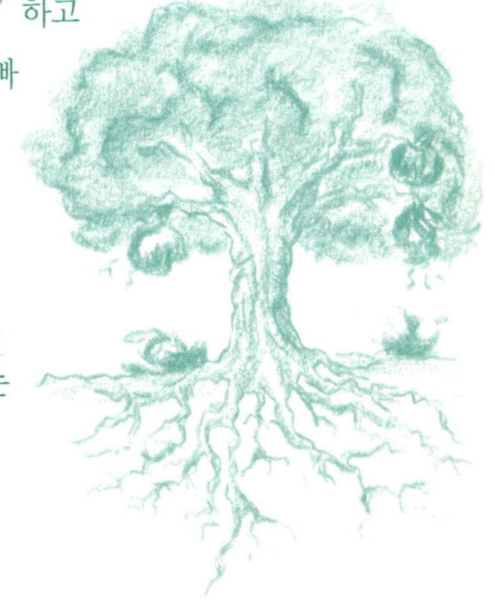

1. 상처는 어떻게 일어나는가?

이 총체적인 문제를 보다 명확히 이해하기 위해 오늘날 사회 속에서 겪는 상처의 전형적인 패턴을 한번 살펴보자. 우리의 삶을 형성하는 많은 상처들이 어린 시절에 시작된다. 그리고 그것은 나이가 들수록 더 강해지고 깊어진다. 부분적으로 사람들은 변하지민 그 상처는 동일히게 남아 있다.

조니는 곧 8살이 된다. 그의 아버지는 조니의 생일에 낚시하는 데 데려가기로 약속했다. 그래서 조니는 달력에 자신의 생일을 빨간 매직펜으로 표시하고 그 날이 오기를 손꼽아 기다리고 있었다. 아빠는 바쁘고 분주한 일들로 여유가 없었기 때문에 조니는 아빠에게 며칠 동안 "제 생일에 낚시하러 가는 거 잊으면 안 되요" 하고 약속을 상기시켜 주었다. "그래. 일찍 일어나서 널 데려가마" 하고 아빠는 말한다.

생일이 되기 약 1주일 전, 아빠는 비서에게 말한다. "내가 업무상 큰 거래가 있어서 그 일을 마무리하러 시외로 나가야 할 것 같은데, 다음 주에 내가 해야 할 일이 있나?" 비서는 "아니요. 특별한 것은 없습니다. 다만 누군가의 생일이 있어요" 하고 말한다. 그는 "오, 내 아들 생일이군. 낚시하는 데 데려가겠다고 약속했는데 … . 음,

다른 날에 가도록 하고, 이 거래를 마무리지어야 해. 내 아들에게 가장 크고 비싼 물고기를 사서 줘요. 아이가 좋아할 거야"라고 말한다.

드디어 조니의 생일이 돌아왔다. 조니는 새벽 4시에 일어났다. 아빠도 일어났지만, 그는 여행을 위해 짐을 꾸리고 있다. 조니는 낚시복으로 옷을 갈아입고 아래층으로 내려간다. 그는 아빠가 정장을 입고 있는 것을 발견한다. 아빠는 손에 여행용 가방과 비행기 티켓을 들고 막 문을 나서려고 한다. 조니는 아빠가 무언가 잘못 생각하고 있다고 판단했다.

"아빠 어디 가세요? 우리 낚시하러 안가요?" 아빠는 "오, 내가 너에게 말한다는 걸 잊었구나. 오늘은 갈 수 없단다. 다음에 가도록 하자. 내가 널 위해 무얼 사왔는지 아니? 이리와 보렴. 빨리. 이걸 열어봐." 조니는 조용히 "우리 낚시하러 안 가요?" 하고 물었다. 아빠는 "중요한 일이 생겨서 오늘은 갈 수 없딘다. 나중에 꼭 같이 가도록 하마. 자, 선물을 빨리 열어 봐야지." 조니는 천천히 아무렇게나 풀렀다. 그리고 그것을 바라보며 서 있다. 아빠는 비행기를 거의 놓칠 것 같았다. "이리 오렴. 아빠는 더 이상 기다릴 수가 없단다."

그래서 조니는 어쩔 수 없이 조금씩 작은 종이를 풀기 시작한다. 이 특별한 사건은 지난 8년 동안 수없이 되풀이 되어온 것이다. 아빠는 "애야, 아빠가 시간이 없구나. 이틀 후에 보자. 알았지?" 하고 비행기를 타러 떠났고, 조니는 반쯤 포장이 풀린 선물을 남겨둔 채 그것을 열어보지도 않았다.

이틀 후에 아빠는 집에 오고 엄마는 반갑게 맞이한다. "오, 여보, 잘 있었어? 거래가 잘 돼서, 많은 돈을 벌 수 있을 거야. 조니! 어디 있니?" 엄마는 "그 아인 방에 있어요. 지난 이틀 동안 방 안에만 있었어요. 무언가 문제가 있나 봐요" 하고 말한다. 아빠가 조니의 방을 노크한다. 아무 대답도 없다. 조니는 벽에 붙어 있다. 이것은 '아빠가 내게 상처를 줬어. 그래서 난 아빠에게 마음을 닫고 있는 거야. 난 다시는 그런 일이 있도록 하지 않을 거야'라는 반응을 보이고 있는 것이다.

하나님은 아이에게 상처를 쉽게 잊는 능력을 주셨지만, 만약 그 상처들이 계속 되풀이해서 일어나는 것이라면, 그 상처는 아마 쓴 뿌리로 발전할 것이다. 그리고 그 상처는 잊혀지지 않는다. 절대로 잊혀지지 않는다. 아빠가 "조니, 선물은 어땠어?" 하고 묻자, "무슨 선물요?" 하고 대답한다. "풀어보지 않았니?" "예." 아빠는 얼굴빛이 변한다. "애야, 내가 그 선물에 얼마나 많은 돈을 썼는지 아니? 다른 아이들은 그런 것을 받기 위해 ….".

그러나 조니의 마음에 어떤 일이 일어나고 있는가? 사랑은 이미 차단되었다. 그는 '당신이 나에게 상처를 주었기 때문에 나는「고맙다」는 말은 하지 않을 거예요' 라고 생각하고 있다. 쓴 뿌리를 가지게 될 때, 우리는 상처를 준 사람에 대한 어떠한 존경과 애정을 잃어버리기 시작한다. 그리고 감사하지도 않게 된다.

어떤 식이든 상황은 점점 나빠져 간다. 멈추지 않고 더 악화된다. 이제 조니는 15살이다. 많은 상처와 실망들로 상처받은 그의 영혼은 쓴 뿌리를 가진 모습으로 변화되었다. 아빠가 일터에서 돌아온다. "애, 설거지 좀 하는 게 어떠니?" "왜 내가 설거지를 해야 하죠? 왜 다른 사람의 것을 제가 씻어야 하죠?" 조니는 불평한다. "난 네 아빠고 나는 너에게 설거지를 하라고 말하고 있다. 그게 이유야." "난 매일 설거지를 하고 있어요. 다른 사람이 좀 하면 안 되나요?"

당신은 조니의 내면에 어떤 일이 일어나고 있는지 보이는가? 조니는 아버지에 대한 사랑과 존경이 없기 때문에 그의 권위를 거설

하기 시작한다. 아버지는 '내가 해야 하는 것은 여기서 좀더 밧줄을 단단하게 매는 거야. 그래서 규칙을 잘 지키게 해야지' 라고 생각한다. 그래서 아버지는 더 엄격한 규칙을 만들기 시작한다. "나는 네가 저 잔디를 깎았으면 한다. 네가 잔디를 깎지 않으면 내가 일주일 동안 외출을 금지시킬 거야." 그러나 조니는 잔디를 깎지 않는다. "네 방에 올라가라. 일주일 동안 외출 금지야."

일주일이 지나도록 조니는 그의 방을 떠나지 않았다. 토요일 아침 그는 충계를 내려왔고, 아버지를 보지 않기 위해 지나쳐 가려고 한다. 그가 거의 문에 다다랐을 때, 아버지는 "어디 가려고 하니?" 하고 말한다. 조니는 머뭇거리며 "밖에요" 하고 말하고는 문을 닫는다. 아버지는 큰 소리로 "다시 들어와" 하고 소리지른다.

조니는 다시 돌아오고 아버지는 "나는 일주일 동안 외출 금지라고 말했다" 하고 말한다. "토요일이에요. 일주일이 지났어요"라고 조니는 대답했다. "내가 일주일이 지났다고 말할 때 일주일이 지나는 거야." "친구들이 밖에서 기다리고 있어요." "오늘 너는 친구들을 만나러 나가지 못해. 내가 내려오라고 할 때까지 다시 네 방으로 가 있어." 조니는 큰소리로 "빌어먹을!" 하고는 문을 쾅 닫고 밖으로 쿵쾅거리며 나갔다. 이제 아버지는 문제가 그리 호락호락하지 않다는 것을 실감하게 된다. 공공연한 반항으로 조니는 아버지의 권위를 거절했고, 그 자신이 인생의 주인이 되었다.

조니는 그 자신이 주인이 되었지만 실제로 그는 외롭고 두려운 감정을 갖고 있다. 그는 그와 비슷한 처지의 다른 사람을 찾는다. 그들 모두는 공통적으로 외로움과 권위에 대한 거절감 등의 감정을 공유하고 있다. 그래서 그들의 관계는 반항과 쓴 뿌리에 근거하고 있다. 그들은 격려를 얻기 위해 다른 반항아들을 필요로 한다. 이런 모임이 항상 또래들의 불량한 어울림은 아니다. 지역 볼링 연맹일 수도 있고, 정치적인 단체일 수도 있다. 그들은 서로 다른 일을 함께할 수 있다. 그러나 그들의 반항성으로 인해 모임이 형성되는 것이다.

이제 조니는 그 누구도 그에게 무엇을 하라고 말할 수 없는 존재가 되었고, 자신이 주인이 되었기 때문에 원하는 것이면 무엇이든 할 수 있게 되었다. 그래서 그는 내면에 간직해왔던 모든 잘못된 욕망들을 실행하기 시작한다. 숨기는 것 대신 그는 공개적으로 그 모든 것을 행하기 시작한다. 성적 음란함을 숨기는 대신 그것을 드러낸다. 그는 타락하고 부패한 것을 자랑하고, 그가 알고 있는 잘못된 것을 방어하기 시작한다.

로마서 2장 1절은 다른 사람을 판단하는 것에 대해 말씀하고 있다.

"그러므로 남을 판단하는 사람아 무론 누구든지 네가 핑계치 못할 것은 남을 판단하는 것으로 네가 너를 정죄함이니 판단하는 네가 같은 일을 행함이니라"(롬 2:1).

사회적인 저항 운동의 상당수가 열정에서 비롯되는 것이 아니라 쓴 뿌리에서 나온다고 생각한다. 만일 당신이 비난 받을 만한 사람을 향해 손가락질 한다면 아마 당신의 손가락 가운데 세 개는 당신을 향하고 있다는 사실을 알아차리지 못할 수도 있다.

신명기 5장 16절에는 대부분의 사람들이 '약속의 계명'이라 부르는 말씀이 나온다. "네 부모를 공경하라 그리하면 너의 하나님 여호와가 네게 준 땅에서 네가 생명이 길고 복을 누리리라." 만약 이 계명에 복종하지 않는다면 생명이 길지 않을 것이며, 복을 누리지 못할 것이라는 사실을 지적하기 위해 하신 말씀이다. 공개적인 반항과 잘못된 행동에 대한 계속적인 방어는 결국 성경에서 말씀하는 짧고 형편없는 인생으로 자신을 이끌어갈 것이다.

　조니는 믿을 수 없을 정도의 극단적인 기분을 경험하기 시작했다. 황홀함은 일순간이지만 이후에는 더 깊은 우울이 다가온다. 연처럼 높이 올라갔다가 구덩이의 바닥까지 그렇게 아래로 내려가는 극단적인 감정들, 그는 그의 내면에 어떤 일이 일어나고 있는지 이해할 수 없었다. 그는 때로 자신이 미쳐가고 있는 것처럼 느낀다. 그는 자신을 제어할 수가 없고 어떤 출구도 찾지 못한다.

　결국 조니는 자살에 대해 생각하기 시작한다. 자살은 이기심의 극단적인 표현이다. 자살은 '나는 스스로를 없앰으로써 세상을 벌하는 것이다. 내가 그들에게 가르칠 것이다' 라고 말하는 것이다. 조니는 자살을 할 수도 있고 하지 않을 수도 있지만, 그가 예수를 통해 치유와 회복을 찾을 수 없다면 그의 종말은 참으로 슬픈 것이 될 것이다.

2. 마음에 작은 상자를 보관하는 것

쓴 뿌리를 깃고 있는 당신은 소름끼칠 정도로 끔찍했던 사람이 당신에게 했던 사건에 포커스를 맞춘다. '그 사람이 행했던 더러운 일들' 이라고 말하면서 그들의 이름이 적힌 작은 상자를 보관하고 있다. 이 상자에는 당신을 상하게 하고 괴롭혔던 아주 사소하고 작은 일까지 차곡차곡 정리되어 들어 있다.

지속적이고 끈질긴 쓴 뿌리의 원인 중에 하나는 우리가 죄와 비난에 대해 균형을 맞추려고 노력하는 것이다. 우리는 "음, 나는 잘못했지만 그들이 더 나빠. 내가 증오심을 품고 있는 것은 당연해. 너는 그들이 내게 한 일을 몰라"라고 말한다. 그것으로 우리는 스스로의 양심을 편하게 하고자 한다. 많은 사람들이 복수를 하는데 이 상처를 사용한다. 그것이 때로 우리가 쓴 뿌리를 간직하고 있는 이유이기도 하다. '내가 네게 보여주겠어. 넌 정말 후회하게 될 거야.'

그러나 누가 먼저 후회할 것인가? 당신은 스스로를 죽이고 있다! 당신은 영적으로 정서적으로 상함을 입었을 뿐 아니라 육체적으로도 상처를 입었다. 쓴 뿌리와 원한은 종종 위궤양이나 고혈압 등 모든 종류의 의학적 문제를 가져오기도 한다. 깊이 뿌리 박힌 쓴 뿌리가 있는 사람들은 좋은 음식을 즐길 수도 없다. 그들은 식사를 하려고 앉지만 생각은 자신을 상하게 한 사람에게 고정되어 있다.

한 친구를 거리에서 만났는데, 그의 눈은 충혈되고 흐려져 있었다. 그는 거의 3일 동안 깎지 않은 수염으로 뒤덮인 얼굴을 한 채 술에 취해 비틀거리고 있었다. 그는 "아버지는 쓸모없는 인간이었지. 그는 항상 술에 절어서 온갖 여자들과 돌아다녔어"라고 말했다. "그래?" 하고 말하고 나서 그를 바라보았을 때, 나는 그의 모습에서 그의 아버지를 보고 있었다. 그는 그토록 싫어했던 그의 아버지가 되어가고 있었다. 때때로 당신은 똑같은 일을 하지는 않지만 당신이 가장 싫어하는 사람의 태도와 영적 상태를 닮아갈 때가 있다. 당신이 항상 그것을 생각하기 때문이다. 그 생각에 사로잡혀 있고 그것에 주의를 기울이고 있기 때문에 그것을 점점 더 닮아가게 되는 것이다.

쓴 뿌리의 덫에서 나오기

얼마나 많은 사람들이 '주기도문' 으로 기도하는가? 주기도문이 말하고 있는 것을 아는가? 주기도문은 "우리가 우리에게 죄 지은 자를 사하여 준 것같이 우리 죄를 사하여 주옵시고"라고 한다. 상처가 쓴 뿌리로 발전하는 것은 상처를 받은 그때 하나님이 주시는 도움에 응답하지 못했기 때문이다.

　누군가를 용서하는 것은 당신이 상처를 받지 않은 체하는 것을 말하는 것이 아니다. 그런 모습은 그리스도인의 모습이 아니다. 당신은 스스로에게 정직해야 하고, 실제로 상처를 받았다는 것을 인정해야 한다. 그리고 나서 그 상처를 극복해야 한다. 그러면 어떻게 우리가 상처를 극복할 수 있는가? 여기에 몇 가지 기본적인 단계가 있다.

#01　당신에게 상처를 입힌 사람들의 목록을 만들어라

이것은 상당히 쉽다. 목록을 만들고 각각의 이름 아래 그들이 당신을 상하게 한 모든 것들을 기록한다. 당신은 이렇게 쓸지도 모른다. "부모님이 약속을 지키지 않았다", "그들이 다른 가족들에게 더 많은 사랑과 애정을 쏟았다", "아빠가 나를 신경질적으로 대했다", "아내가 지나치게 간섭하며 나의 성격과 습관을 고치려 한다", "내 친구는 내가 필요로 할 때 내 곁에 없었다" 등등.

#02　당신이 그들을 상처받게 했던 일들의 목록을 만들어라

이것은 좀 어렵다. 왜냐하면 우리는 그 일들을 쉽게 기억하지 못하기 때문이다. 또 기억하고 싶어하지도 않는다. 가장 어려운 일 중에 하나는 부모와 자녀 사이에 채무관계를 명확히 하는 것이다. 당신은 다음과 같이 기록했을 수도 있다. 게으름, 감사하지 못함(당신이 부모님께 감사했던 적은 언제인가? 그저 필요해서가 아니라 참으로 부모에게 감사했던 때), 속임(당신은 그들이 당신을 믿지 못하도록 등뒤에서 어떤 일을 했는가?) 등등.

이 목록을 만드는 이유는 당신의 잘못을 볼 시간이 필요하기 때문이다. 용서의 핵심은 당신이 용서받을 일을 얼마나 많이 했는지를 보는 것이다. 우리는 항상 다른 사람들의 공격을 확대하고 자신의 잘못은 축소하는 경향이 있다. 그러면서 다른 사람들이 얼마나 나빴는지, 우리가 얼마나 괴롭힘을 당했는지를 강조한다. 하나님께 자신의 잘못을 바라볼 수 있는 눈을 달라고 간구하라. 그러면 흥미로운 것을 발견하게 될 것이다. 사람들이 당신을 상하게 했던 똑같은 방식으로 당신이 다른 사람을 얼마나 상하게 하고 있는지를 말이다.

#03 당신이 하나님을 얼마나 상하게 했는지를 제대로 바라보라

목록 작성을 끝내고 나더라도 여전히 돌아보아야 할 일이 있다. 당신 앞에 그 목록이 놓여 있을 것이다. 이제 하나님께 당신이 하나님을 상하게 했던 것을 보여달라고 간구하라. 변명은 하지 말라. 그리스도의 피는 변명이 아니라 죄를 깨끗하게 하신다. 다른 사람을 용서할 수 있고 상처의 쓴 뿌리에서 벗어날 수 있는 길은 당신이 깊이, 아주 깊이 상함을 입었다는 것을 하나님이 알고 계신다는 사실을 이해하는 것이다. 그리고 그분은 결코 쓴 뿌리나 원한을 원하지 않으셨다는 것도 알아야 한다.

당신은 그분이 얼마나 마음 아파했을지 생각해 본 적이 있는가? 기억하라. 다른 누구보다도 더 잘 알고 있고 가깝다고 생각하는 사람일수록, 그들의 배신적인 행위나 당신을 거절하는 모습을 통해 당신은 더 큰 상처를 받게 된다. 비록 그들이 무의식적으로 그렇게 했더라도 당신이 느끼는 상처는 사라지지 않는다. 이제 이것을 생각해 보라. 당신의 가장 깊은 곳에 누가 더 가까이 있는가? 누가 하나님보다 더 깊이 당신을 알고 있는가? 당신이 그분의 마음을 아프게 했을 때, 당신은 다른 누군가에게 줄 수 있는 상처보다 훨씬 더 깊이 그분의 마음을 아프게 할 수 있다.

성경은 "땅위에 사람 지으셨음을 한탄하사 마음에 근심하시고"(창 6:6)라고 말씀한다. '마음에 근심하시고' 는 글자 그대로의 뜻으로 보면 숨쉬는 것이 어렵다는 의미이다. 하나님은 세상을 아름답게 창조하셨다. 그러나 시간이 지날수록 서로 미워하고 죽일 뿐 아니라, 하나님까지도 미워하는 사람들이 많아졌다. 그 모든 것이 그분의 마음을 깊이 상하게 하고 있다. 우리는 하나님이 완벽하게 기억하신다는 것을 잊고 있다. 우리는 단지 아주 작은 부분만 볼 수 있지만, 그분은 모든 것을 보고 계신다. 우리는 단지 짧은 시간을 살지만, 그분은 영원히 살아 계신다. 하나님은 세상을 보시고 숨이 막힐 정도로 슬퍼하셨고 괴로워 하셨다. 모든 것이 그분의 마음을 아프게 했다.

하나님은 상처를 받는다는 것이 무엇인지 알고 계신다. 그분은 우리가 그분에게 상처를 줄 때 상처를 입고, 우리 스스로가 상함을 입을 때도 상처를 받으신다. 그분은 사람들이 겪는 모든 상처들을 경험하신다. 당신은 "이 일이 일어났을 때 하나님은 무엇을 하고 계셨는가?" 하고 물을 수도 있다. 그분은 당신보다 더 심한 상처를 받고 계셨다!

#04 하나님과 사람의 용서를 구하라

이것은 복잡한 일은 아니지만 비싼 대가를 요구하는 것이다. 당신은 다른 사람을 돕기 전에 먼저 시간을 내어서 이 과정을 거쳐야 한다. 당신이 하나님과 다른 사람을 얼마나 상하게 했는지 목록을 꺼내놓아라. 그리고 하나님께 당신을 깨뜨리도록 기도하라.

그 일들에 대해 하나님의 용서하심을 간구하라. 그리고 그 과정을 마치고 나면, 산뜻한 감정으로 그 목록을 찢어버려라. 하고 싶다면 불태워도 좋다. 그리고 당신이 상처를 준 사람들에게 전화를 해서 그들의 용서를 구하라. 또는 그들과 인격적으로 대화하라. 당신이 그들을 어떻게 대했는지에 대해 미안하다는 말을 쓴 편시가 치유 작업의 시작이 될 것이다.

당신이 상처를 준 사람들을 도울 수 있는 방법들은 많이 있다. 중요한 것은 당신이 그들에게 다가가기만 한다면 그들의 마음에 대한 치료를 실제적으로 시작할 수 있게 된다는 것이다. 하나님이 당신에게 보여주신 대로 올바른 선택을 한다면, 그 후에 어떤 감정들이 생기는 지 알게 될 것이다. 기다리며 지켜보라.

#05 당신의 파일을 없애버려라

다른 사람들이 당신을 상하게 했던 그 목록을 기억하고 있는가? 당신 마음속에 정리된 파일 상자를 열고 모든 파일을 꺼내서 없애버려라. 그 목록을 찢어서 불태워 버려라. 당신은 그것 모두를 하나님께 내려놓아야 한다. 용서는

하나님 앞에 파일이 정리된 상자를 열고 그 모든 빚을 없애버리는
것이다.

"나는 그들에 대해 이런 마음들을 가지고 있지 않을 거야. 기억 속
에 있는 것조차 싫어" 하고 느끼고 말하는 것이다. 기록하지 말라.
그것이 바로 하나님과 함께하는 방법이다. 그분이 당신에게 말끔히
해주신 그 모든 빚들을 다시 기억하고 회상하기를 원하는가? 그렇
지 않을 것이다. 당신도 다른 사람들에게 똑같이 하라.

성경은 "너희가 사람의 과실을 용서하면 너희 천부께서도 너희
과실을 용서하시려니와 너희가 사람의 과실을 용서하지 아니하면
너희 아버지께서도 너희 과실을 용서하지 아니하시리라"(마
6:14~15)고 말씀하신다. 그것은 하나님이 당신에게 용서함을 허락
한 것에 대한 마땅한 응답이다. 당신은 그렇게 해야만 한다. 당신은
어떻게 할 것인가?

6 용서를 통한 회복

독 이스터데이

우리 모두는 과거를 가지고 있다. 그리고 그 과거는 오늘날 우리가 살아가고 있는 방식에 여전히 영향을 미칠 수 있다. 신앙이 있는 가정에서 좋은 부모님과 함께 살았을지라도 성장하면서 고통스러운 일들을 겪게 된다. 손가락을 한 번 튕겨 모든 고통스러운 기억들을 사라지게 할 수 있다면 얼마나 좋겠는가. 그러나 그렇게 할 수 없다.

바울은 빌립보서 3장 13~14절에서 "뒤에 있는 것을 잊어버리고 앞에 있는 것을 잡으려고 푯대를 향하여"라고 말하고 있다. 진심으로 바울의 의견에 동의한다. 우리는 푯대를 향하여 달려가는 동시에 뒤에 있는 것을 잊어버릴 수 있어야 한다. 그러나 우리들 대부분은 그렇게 하는 법을 알면서도 힘들었던 때를 기억하고 있다고 생각한다.

과거에 어떤 일이 있었든 간에 과거의 부정적인 문제들이 더 이상 하나님 안에 있는 당신의 현재와 미래의 삶에 영향을 미치지 못하는 상태에 이르러야 한다. 하나님은 당신을 그런 상태로 인도하실 것이다. 주께서는 우리 삶의 충만함을 회복시킬 것을 약속하신다. 요엘서에서 그분은 다음과 같이 말씀하신다.

"내가 전에 너희에게 보낸 큰 군대 곧 메뚜기와 늣과 황충과 팟종이의 먹은 햇수대로 너희에게 갚아주리니"(욜 2:25).

왜 성경이 이들 네 종류의 곤충을 나열해 놓고 있는가? 만일 그 네 종류의 곤충이 식물이 있는 곳에 놓여진다면, 그것들은 함께 식물의 잎사귀와 가지와 줄기와 뿌리를 다 갉아먹을 것이다. 그러면 아무 것노 남지 않게 된다. 그러나 하나님은 조금씩 갉아 먹혀 없어진 그 시간을 우리에게 회복시켜 주실 것이라고 말씀하신다. 당신에게 어떤 일이 있었든 상관없이 말이다. 당신이 완전히 파괴되었다고 느낄지라도 하나님은 당신을 회복시키실 것이다.

하나님의 회복으로의 첫 걸음

이제 하나님의 회복으로 나서는 첫 번째요, 가장 중요한 걸음을 말하고자 한다. 그것은 자신 안에서 그리고, 다른 사람들과의 관계에서 자유롭게 되는 것이다. 실제 상처는 땅에서가 아니라 수풀 속에서 오는 것이고, 깊은 상처는 용서의 과정을 거치지 않고는 치유될 수 없다. 과거의 문제와 상처에서, 그리고 계속해서 우리를 괴롭히는 그 영향력에서 정말 자유롭게 되기 위해서는 용서해야 한다. 이것은 절대적인 하나님의 뜻이고, 절대로 변화될 수 없는 것이다.

예수님의 산상수훈 가운데 마태복음 6장 14~15절의 이 말씀은 성경 전체에서 가장 영향력 있는 말씀들 중 하나이다. 나는 이 구절을 읽을 때마다 무릎을 꿇을 수밖에 없는데, 그 말씀이 하나님의 마음으로부터 전하는 중요한 메시지를 포함하고 있기 때문이다.

산상수훈은 이렇게 시작한다. "예수께서 무리를 보시고 산에 올라가 앉으시니 제자들이 나아온지라 입을 열어 가르쳐 가라사대"(마 5:1~2). 예수님은 이 중요한 메시지를 누구에게 말씀하고 계신가? 그분의 제자들이다! 혹은 오늘날 그 교훈을 믿는 자들이다. 바로 구주 예수님을 알고 있는 사람들에게 말이다.

이것은 구원받지 못한 이들을 위한 메시지가 아니다. 우리가 그 사실을 완전히 이해하기 위해 마태복음 6장 14절을 이해할 필요가 있다. "너희가 사람의 과실을 용서하면 너희 천부께서도 너희 과실을 용서하시려니와." 얼마나 훌륭한 약속인가! 만약 우리가 용서하면 하나님이 우리를 용서하실 것이다. 그러나 15절을 한번 보자. "너희기 사람의 과실을 용서하지 아니하면 너희 아버지께서도 너희 과실을 용서하지 아니하시리라."

나는 당신에 대해서 잘 모른다. 그러나 나는 당신이 하나님께 용서받기를 소망한다. 나는 살아오면서 실수하고, 잘못된 것을 하고, 때로 하나님이 원하시지 않는 태도를 취하기도 했다. 나는 이것들을 용서받기 원하지만 하나님은 나에게 '네가 용서하지 않으면…, 너는 죄의 결과로 곤경에 빠지게 될 것이다' 라고 말씀하신다. 나는 그렇게 되는 것을 결코 바라지 않는다.

곳곳에 있는 그리스도의 지체들을 찾아 다닐 때, 나는 사람들이 "내가 사함을 얻었어. 이제 내게 그것은 더 이상 큰 문제가 아니야" 라고 말하는 것을 듣곤 한다. 그들은 '크지 않은 거래' 로 용서함을 받기 원하지만, 실제 하나님의 말씀이 용서의 문제에 부여하는 중요성을 이해하지 못하고 있다. 하나님께 용서는 아주 큰 문제이다. 그렇다면 먼저 용서와 자주 혼동하는 것들을 살펴보자.

●용서는 느낌이 아니다.

용서에 대해 감상적인 느낌을 기다리고 있다면, 아마도 영원히 기다려야 할지도 모른다. 상담을 해오면서 나는 실제로 용서한 것처럼 느꼈다는 사람을 만난 적이 없다. 마음 깊숙한 뒤쪽으로 상처를 밀어넣는 것은 당신을 상하게 했던 사람을 용서했다는 의미가 아니다. 시간이 흘러가면서 우리의 기억은 엷어지고 상처는 더 멀어진다. 그러나 시간이 상처입은 마음을 치유할 수는 없다. 오직 하나님

한분만이 마음을 치유하실 수 있다.

●용서는 당신이 상처를 받지 않은 척하는 것이 아니다.

카페트 아래로 사건을 밀어넣지 말라. 당신에게 일어난 것이 당신을 상하게 하지 않은 척하지 말고 합리화하지 말라. 그것은 당신의 마음에 있는 문제가 아니다. 그런 척하는 것과 용서는 같은 것이 아니다.

●용서는 그 사람이 잘못하지 않았다는 것을 말하는 것이 아니다.

때로 우리는 용서한다는 것이 실질적으로 다른 사람이 그렇게 나쁘지 않았다고 선언하는 것이라고 느낀다. "사실 잘못은 없었어. 내 잘못이었을지 몰라. 그 차가 나를 칠 때 잘못된 장소에 내가 서 있었던 게 틀림없지"라고 말하려고 하는 것이다.

내가 당신을 깨워서는 코에 펀치를 날리고, 그 후에 당신에게 와서 "정말 미안해"라고 말한다면, 당신은 어떻게 하겠는가? 당신이 "괜찮아" 하고 말한다면, 당신이 방금 나에게 한 말이 무엇을 의미하는지 아는가? 당신은 내게 그 행동을 다시 해도 된다고 허용하는 것이다. 무엇이 괜찮은가? 당신을 때리는 것이 괜찮은가? 아니다. 그것은 괜찮지 않다.

어떤 사람이 당신에게 와서 "미안해. 잘못했어"라고 말하고, 당신이 그에 대한 응답으로 "괜찮아" 하고 말한다면, 나는 당신이 그들에게 당신을 상처 입히도록 허용했다고 생각한다. 그것은 실제로 그들에게 죄를 짓는 것을 허용하는 것이다. 나는 우리가 다른 사람에게 죄를 지어도 괜찮다고 말할 권리를 가지고 있다고 생각하지 않는다. 우리는 단순하게 "너를 용서했어"라고 대응해야 한다. 그것이 바람직한 방법이다.

●용서는 당신이 그 사람을 다시 믿어야 한다는 것을 의미하는 것은 아니다.

어린 소녀가 한참 전에 내게 상담을 하러 왔다. 그녀는 매우 예민했고, 자신에 대해 자유롭게 이야기하는 데 20분이나 걸렸다. 마침내 그녀는 자신의 비밀을 말했는데, 그녀의 아버지가 과거 4년 동안 거의 매일 그녀를 강간했다는 것이었다. 당신은 내가 그녀에게 아버지를 용서하고 되돌아가서 그를 다시 신뢰하도록 격려해야 한다고 생각하는가? 아니다.

그 점에 있어서 그녀의 아버지는 믿을 만한 사람이 못 된다. 나는 그녀가 아버지를 다시 믿지 않아야 한다고 말하지는 않는다. 크리스천으로서 우리는 우리에게 상처를 준 사람에게 이후에라도 자신이 믿을 만하다는 것을 증명해 보일 기회를 허용해야 한다. 그러나 용서는 믿음과는 분리된 문제이다. 나는 우리가 완전히 한 사람을 용서할 수 있다고 믿지만, 개인적으로 믿는 것은 여전히 별개의 문제라고 생각한다.

신뢰란 누군가를 알게 되고 그 사람의 성품을 믿게 되면서 따라오는 것이다. 그것이 내가 하나님을 신뢰할 수 있는 이유이다. 나는 그분의 성품을 확신한다. 우리는 그들이 스스로 믿을 만한 사람이라는 것을 증명해 보일 때만 사람을 신뢰할 수 있다. 누군가 당신을 맹렬히 공격할 때, 당신의 자연스런 본성은 분노를 일으키고 상처를 받을 것이며 신뢰를 잃을 것이다.

용서가 다른 사람에게 상처받기 쉬울 정도로 많은 부분을 열어두어야 한다는 것을 의미한다면, 당신은 아마 용서하는 것을 선택하지 않을 것이다. 그러나 당신이 용서와 신뢰는 별개의 문제라는 것을 확실히 이해할 수 있다면, 당신은 용서가 당신의 이해의 정도를 완전히 뛰어넘는 것은 아니라는 사실을 알게 될 것이다.

●용서는 다른 사람들에게 그들의 책임을 줄여주는 것이 아니다.

우리의 생각은 일반적으로 이런 논리를 따른다. "그들이 내게 상처를 주었다. 만약 내가 용서한다면 처벌이 면제될 것이고, 그들은 자신의 행동을 바라보지 않을 것이다. 그리고 자신의 잘못에 대해 답을 얻지도 못할 것이다."

우리는 용서가 처벌의 고리를 끊어주는 것이어서 그들의 잘못된 행동을 수정하지 못하게 할 수 있다고 생각하는 경향이 있다. 그러나 하나님은 사람을 책임이 있는 존재로 만드셨다. 당신이 누구든 그들의 책임을 줄일 수 없다. 사람은 그런 능력이 없다. 우리들 중 누구도 그런 능력은 없다. 우리는 그저 인간이기 때문이다. 하나님만이 그분의 은혜로 우리를 깨끗하게 하실 수 있다.

당신의 잘못된 태도와 용서하지 못한 마음에 대한 책임을 받아들일 때, 당신이 용서하려고 애썼던 사람의 마음속에 하나님께서 이전보다 더 놀라운 방법으로 역사하시도록 맡기게 되는 것이다. 나는 하나님께서 처음부터 역사하지 않으셨다는 것을 말하는 것이 아니다. 용서를 할 때 하나님께서 그 사람의 삶을 회복시키는 역사를 시작하신다는 것이다.

1. 용서라는 것은?

용서란 무엇인가? 나는 어떤 다른 말보다 '용서'라는 말을 공부하는 데 더 많은 시간을 보냈다. 용서는 다른 사람의 행동이나 태도가 나의 행동이나 태도를 규정하지 않도록 함으로써 보다 높은 영역의 생활 스타일로 자리잡고, 하나님께 복종하며 살기로 한 결정이다. 용서는 결정인 것이다. 어떤 결정은 매우 어렵긴 하지만 하나님은 우리에게 그것을 결정할 능력을 주셨다. 우리의 감정이 "아니야, 아니야!" 하고 소리를 지를 때라도 우리는 여전히 용서를 선택할 수 있다.

"나는 용서할 수 없어"라는 말은 사실 정확하지 않고 진리도 아니다. 그 말의 실제 의미는 "용서하고 싶지 않아"이다. 그것은 선택이다. 또한 어려운 것이다. 당신은 용서하고 싶지 않을 수도 있다. 그런 상태에서도 용서는 가능한가? 그렇다. 용서하고 싶은 마음이 없을 때라고 용서하는 것은 가능하다. 그것은 감정에 의한 것이 아니라 우리 의지의 행동이기 때문이다.

용서는 내가 한 결정이다. 누가 그것을 결정하는가? 나다. 내가 하는 것이다. 하나님이 당신을 위해 결정하는 것이 아니다. 오직 당신만이 당신의 마음으로 용서를 결정할 수 있다. 만약 용서하지 못한다면, 당신은 용서하지 못함이 결과로 절뚝거리며 살아야 할 것이다.

용서는 내가 하나님께 복종하기로 한 결정이다. 용서는 권장사항이 아니다. 그것은 계명이다. 하나님은 당신이 용서할 것을 결정한다면 참으로 좋을 것 같다고 말씀하지 않으신다. 그분은 "너는 용서해야 한다!"고 말씀하신다. 용서는 하나님께 복종할 것을 선택하는 것이고, 자신의 마음에 있는 개인주의를 대체하는 것이다.

이미 죽은 사람에게 화가 나 있거나 쓴 뿌리가 있을지라도 용서는 가능하다. 용서는 마음의 문제이기 때문이다. 그리고 용서할 때 당신은 삶 속에서 하나님의 자유와 해방감을 알게 될 것이다.

용서는 하나님 앞에서 당신의 마음이 바르게 되는 것이다. 그것은 당신과 주님 사이에서 시작되었다. 우리의 마음이 먼저 하나님 앞에 바르게 회복되어서야 비로소 다른 사람들에게 가서 말할 수 있다고 믿는다. 그리고 나서 주께서 특별히 지시하실 때, 당신은 다른 사람에 대한 용서와 회복과 화해의 대화를 할 수 있다.

2. 순종인가, 불순종인가?

실제적인 문제는 하나님에 대한 순종이다. 순종의 반대는 무엇인가? 불순종이다. 당신이 용서하지 못한다면, 당신은 불순종하고 있는 것이다. 불순종은 무엇인가? 죄다. 이런 문답은 꽤 평범하다. 그렇지 않은가? 만약 우리가 용서하지 않기로 선택한다면 우리는 죄를 선택하는 것이다.

성경은 시편 66편 18절에서 "내가 내 마음에 죄악을 품으면 주께서 듣지 아니하시리라"고 말씀하고 있다. 당신은 주께서 당신의 말을 듣기를 원하는가? 그렇다면 나는 당신이 용서해야 한다고 생각한다. 내 아버지는 45년 동안 목회를 하셨는데, 돌아가시기 전에 내게 귀한 진리를 말씀해주셨다. 아버지는 "덕, 나는 주 안에서 자라기를 멈추고, 동일한 문제를 계속해서 겪고 있는 많은 크리스천들은 바로 용서하지 못하는 사람이라고 확신한다" 하고 말씀하셨다.

나는 그 말이 주 안에서 자유와 해방을 발견하지 못했던 사람들을 대하면서 많은 경험을 했던 어떤 위인의 말이라고 생각했다. 그러나 이제 내가 상담가로서의 경험을 하면서 용서하지 못하는 것이 영적인 삶을 멈추어놓는 것을 보게 되었다. 용서하며 사는 사람들이 용서하지 못하고 살 때 영적인 삶에 얼마나 거대한 무게가 올려지는지 쉽게 감지하게 될 것이다.

용서함은 생활 방식이다. 용서는 한 번의 행동으로 되는 것이 아니라 지속되어야 하는 생활 방식이다. 용서의 반대는 용서하지 못함이고, 용서하지 못함은 두 가지 다른 것으로 이어진다. 하나가 '분노'이고 또 다른 하나가 '쓴 뿌리'이다. 분노는 접두사 're'로 시작한다. Re-sent(다시 보내다). 분노가 나에게 일어난다. 그리고 나는 "만약 네가 나에게 그렇게 한다면 내가

바로 앙갚음해 줄 거야" 하고 말한다. 그것이 분노(resentment)이다. 이것은 서로 주고받는 것이다.

"그들은 결코 내게 전화하지 않을 거야. 그래서 나도 전화하지 않을 거야. 그들은 결코 내게 편지를 쓰지 않아. 나도 그들에게 편지 쓰지 않을 거야." 그래서 당신은 막다른 궁지에 놓이게 된다. 그것을 분노(resentment)라고 부른다.

누군가 문으로 걸어오는데, 그 사람이 가까이 다가온 것이 당신의 혈압을 상승시킨다면, 당신에게 분노의 문제가 있는 것이다. 누군가의 이름을 언급했는데, 그와 똑같은 이름을 가진 사람이 생각나서 당신 마음이 불편해 진다면 그것은 무언가 아직 잘못되어 있다는 증거이다.

혈압을 오르게 만드는 어떤 사람이나 기억은 당신에게 해결되지 않은 과거가 있다는 것을 지적해주고 있는 것이다. 주께서는 당신이 용서하지 못한 것을 당신에게 보이려고 하시는 것이다. 우리가 부정적인 감정들과 매일 싸우지 않는다면, 누군가를 우리 마음속에서 용서하지 못했다는 사실을 알지 못할 것이다.

문제는 얼마나 자주 당신이 그 사람에 대해 생각하고 있는가가 아니라 당신이 그들을 생각할 때 어떤 일이 일어나는가 하는 것이다. 당신이 어떤 상황을 회상할 때 무슨 일이 일어나는가? 내적으로 무슨 감정이 일어나는가? 일 년에 한 번 정도 그런 일이 일어날지도 모른다. 그러나 당신이 어떤 것을 기억할 때 피가 끓기 시작한다면, 당신의 마음에 쓴 뿌리가 있는 것이다. 그리고 쓴 뿌리는 당신을 영적으로, 감성적으로, 육체적으로 죽일 것이다.

그래서 우리는 한 번에 용서하지 못하고, "끝났어" 하고 말한다. 그러나 그것은 계속 유지된다. 나는 당신이 용서한 이후에 다시 상처받지 않을 것이라고 장담할 수 없다. 아니, 아마도 상처를 또 받을 것이라고 거의 확신한다. 용서는 "나는 이번 한 번만 용서할 것이다" 하고 말하는 것이 아니다. 딱 한 번만이라는 것은 용서가 아니다.

용서는 하나님 안에서 올바른 자리를 찾으려는 삶의 모습이다. 그리고 우리에게 계속 상처를 주는 사람에게 "너의 행동에 대해 안 좋은 감정을 갖게 되어서 유감이야. 하지만 같은 식으로 너에게 갚지는 않을 거야" 하고 말하는 삶의 모습이다. 이런 태도를 취하는 것은 내 감성적인 생활에 문제를 일으키는 그 사람을 허용하는 것이 아니라, 주님의 손에 나의 감성적인 건강과 운명을 내려놓는 것이다.

행하기는 어렵지만 이것은 가능하다. 그리고 그것이 우리가 인간 관계에서 만나게 되는 끊임없는 갈등에 대처할 수 있는 유일한 방법이다. 용서는 "예수의 이름으로 나는 일어설 것이고 너의 행동이 나에게 문제가 되도록 허용하지 않겠어" 하고 말하는 것이다. 잘못된 반응은 잘못된 행동만큼 나쁘다. 누군가 당신에게 상처를 입혔을 때 당신이 죄 안에서 잘못된 방식으로 반응한다면, 당신은 당신에게 상처를 준 사람과 똑같이 잘못하는 것이다.

핵심은 당신이 용서하지 못하겠다고 하는 것의 진짜 의미는 하나님과 함께 나아가는 것보다 당신의 상처가 당신에게 더 중요하다고 말하는 것이다. 나는 당신이 용서하지 못한다면, 당신의 영적인 삶은 당신이 용서할 수 있을 때까지 그대로 머물러 있을 것이라는 하나님의 말씀을 믿는다.

3. 자신이 용서했다는 것을 아는 법

많은 사람들이 '실제로 누군가를 용서했다면 어떻게 그것을 알 수 있느냐' 고 묻는다. 그 사람에게 하나님의 사랑을 전하는 사유로운 도구로 사용되도록 당신 자신

을 주님께 맡길 때, 당신은 그를 완전히 용서한 것이다. 하나님이 선택한 어떤 방식이든 그 사람을 축복하기 위한 하나님의 뜻에 기꺼이 순종한다면, 또한 당신이 기꺼이 그분의 사랑이 당신을 통해 그들에게 흘려가기를 허용한다면, 당신은 용서했다는 것을 알게 될 것이다.

나는 바로 지금 당신이 아직 마음속에 간직하고 있으며 용서하지 못한 것을 하나님께 드러낼 수 있도록 간구하기를 원한다. 사실 나는 스스로를 영적인 사람이라고 생각했고, 용서의 영역에 아무 문제가 없다고 생각했다. 그리고 영적인 사람에게 용서하지 못함과 같은 문제는 없는 줄 알았다. 그러나 하나님은 과거에 풀지 못했던 문제에 관해 내 마음을 들여다보게 하셨고, 확인시켜 주셨다.

용서할 필요에 대해 개인적인 것을 보여주기를 간구한다면 주께서 당신에게 그렇게 행하실 것이다. 나는 상담가로서의 20년의 삶 속에서 용서를 대신할 수 있는 것은 아무 것도 없다는 것을 배웠다. 용서는 하나님께 당신의 행동을 변화시킬 수 있도록 자유를 주는 행위이다. 그것은 또한 다른 사람을 향해 가지고 있었던 당신의 쓴 뿌리와 분노의 묶음에서 다른 사람들과 자신을 자유롭게 하는 것이다. 무엇보다 용서는 당신을 자유롭게 해서 계속적으로 주 안에서 성장하게 하고, 당신이 원하는 대로 하나님의 사람이 되게 할 것이다.

망망한 바다 한가운데서 배 한 척이
침몰하게 되었습니다.
모두들 구명보트에 옮겨 탔지만
한 사람이 보이지 않았습니다.
절박한 표정으로 안절부절 못하던 성난 무리 앞에
급히 달려 나온 그 선원이
꼭 쥐고 있던 손바닥을 펴 보이며 말했습니다.
"모두들 나침반을 잊고 나왔기에 … "
분명, 나침반이 없었다면 그들은 끝없이 바다 위를
표류할 수밖에 없을 것입니다.

삶의 바다를 항해하는 모든 이들을 위하여
우리는 그 나침반의 역할을 하고 싶습니다.
우리를 구원하신 아름다운 주님을
21세기 문명의 이기(利器)를 통하여
널리 전하고 싶습니다.

우리 나침반은
구원의 복음과 진리의 말씀을
당신의 믿음 성장과 삶을, 가정을
그리고 당신의 세계를 담아

우리는 당신을 위하여

"하나님은 모든 사람이
진리를 아는 데 이르기를 원하시느니라"
(디모데전서)

마음밭의 쓴뿌리들

지은이 | 마틴 베넷 외
옮긴이 | 최은희
발행인 | 김용호
발행처 | 나침반출판사

신1판 발행 | 2013년 11월 20일

등 록 | 1980년 3월 18일 / 제 2-32호
주 소 | 157-861 서울 강서구 염창동 240-21
        블루나인 비즈니스센터 B동 1607호
전 화 | 본   사(02)2279-6321
        영업부(031)932-3205
팩 스 | 본   사(02)2275-6003
        영업부(031)932-3207

홈페이지 | www.nabook.net
이 메 일 | nabook@korea.com
        nabook@nabook.net

ISBN   978-89-318-1274-9
책번호 가-1093

값은 뒷표지에 있습니다.